MOSCOU DANS LES SOUS-BOIS

CARNETS
2007 - 2008 - 2009

Annette CARAYON

MOSCOU
dans les sous-bois

CARNETS
2007-2008-2009

Préface de Nicolas Werth

L'Harmattan

Photo de couverture : *Église entrevue à Moscou en 2009.*© A. CARAYON

CONCEPTION GRAPHIQUE & MISE EN PAGE – ANNE LEBOSSÉ

© **L'Harmattan, 2010**
5-7, rue de l'Ecole-Polytechnique, 75005 Paris

http://www.librairieharmattan.com
diffusion.harmattan@wanadoo.fr
harmattan1@wanadoo.fr

ISBN : 978-2-296-12861-3
EAN : 9782296128613

*à mes amis
d'ici et de là-bas*

Préface

Loin, très loin des reportages « misérabilistes », des clichés sur le « système Poutine », sur le « retour du stalinisme en Russie » ou la « mafia russe », *Moscou dans les sous-bois* est l'un des livres les plus justes et les plus pénétrants qu'il m'a été donné de lire ces dernières années sur la complexité des représentations que les Russes se font aujourd'hui de leur vie et de leur pays. Cela tient autant aux presque trente ans de familiarité d'Annette Carayon avec la Russie, qu'à ses interlocuteurs, pour la plupart des personnages hors du commun qui appartiennent à la vieille *intelligentsia*. *Intelligentsia* de souche serait-on tenté de dire, qui a traversé les temps et les régimes (tsariste, bolchevique, stalinien, post-stalinien, soviétique stagnant, post-soviétique) avec pour seuls impératifs ceux de la fidélité à des valeurs et à une culture, et le devoir impérieux de les transmettre.

Les carnets de voyage les plus réussis sont ceux qui donnent à *voir*. *Moscou dans les sous-bois*, qui n'est pas à proprement parler un carnet de voyage, mais plutôt un carnet de séjour, donne *à voir et à comprendre*. Les sous-bois sont ceux de ces immenses cours qui s'ouvrent entre les immeubles moscovites ; ces cours que les voyageurs pressés filant sur les autoroutes urbaines qui lardent la ville, ne voient jamais. C'est sur ces cours ombragées que donnent les cuisines de six mètres carrés qui sont l'espace privé préféré des Moscovites, ces lieux où, du temps de la « stagnation » brejnévienne, les intellectuels aimaient se réunir pour « refaire le monde ». On s'y réunit toujours, à cette différence près, notée par l'un des nombreux passants de ce livre, que « *aujourd'hui, aucune révolte n'est possible contre les banques* »… Installée dans sa « *Base* » (le trois pièces de 45m^2 de nos vieux amis communs Claire et Valéry), Annette Carayon s'est immergée, des mois durant, dans le flot des conversations, des allées et venues des uns et des autres, des voisins, des amis qui entrent et sortent, buvant, à toute heure du jour et de la nuit, un thé, grignotant sur un bout de table, déjeunant, dînant, soupant, tentant inlassablement de trouver du sens dans l'apparent non-sens de ce qu'est devenu leur pays et leur univers quotidien. Chez Claire et Valéry, les journées sont sans bornes, et le temps tellement plus vaste…

De l'état du pays, il en est naturellement beaucoup question. En Russie, l'*intelligentsia* s'est toujours fait un devoir d'interroger en permanence ce rapport si particulier de l'individu et de la société, de la société et du Pouvoir : aujourd'hui, comme hier (sous le régime soviétique), comme avant-hier (sous l'autocratie tsariste), le « contrat social » n'a pas trouvé en Russie de forme viable. Ce constat fait et refait, il faut bien vivre ! Alors on rit, beaucoup, dans la cuisine de Claire et de Valéry. On rit de voir les KGBistes d'hier transformés en grenouillots de bénitier, l'irrationnel et les superstitions se glisser subrepticement en lieu et place du marxisme-léninisme, et le 4 novembre (jour anniversaire de la « levée en masse » organisée par Minine et Pojarski en 1612 pour bouter les Polonais hors de la Sainte Russie) remplacer le 7 novembre (commémoration du 7 novembre 1917), comme jour de fête nationale et de réjouissance populaire. On rit en jouant à défaire l'emboîtement en poupées-gigognes d'une Histoire malmenée qui ne sait plus dire le passé… « *Chez nous, en Russie, le passé est absolument imprévisible.* »

Le rire est gage de vitalité. Vitalité ô combien nécessaire pour faire face, pour garder une liberté intérieure. « *On nous empêche de vivre, le climat et les distances nous sont hostiles, nous n'avons pas les moyens de vivre, ils nous interdisent de vivre ! Qu'est-ce qu'il nous reste à faire ? À vivre, c'est tout !* » C'est cette formidable *envie de vivre*, pour reprendre le titre du merveilleux recueil de nouvelles de Vassili Choukchine, le grand écrivain sibérien des années 1960-1970, qui illumine nos septuagénaires !

Microcosme que ce petit monde des sous-bois moscovites, objectera le lecteur ? Que non ! La sociabilité de Claire, enseignante du Supérieur à la retraite, et de Valéry, artiste-peintre reconnu, déborde largement leur milieu. À la « *Base* », les voisins et amis qui défilent à longueur de journée causent de tout et de rien, de ce qu'ils ont fait ou n'ont pas fait, des derniers ragots ou des rumeurs les plus saugrenues. On commente les nouvelles du jour à la télévision et à la radio, le retour en force de l'Église orthodoxe, ciment de l'unité nationale, la corruption, « *mode de fonctionnement naturel du système* », les « *nouveaux travailleurs immigrés* » qui font tourner l'économie moscovite, les suicides ou les accidents de la circulation pour lesquels la Russie occupe respectivement la seconde et la première place mondiale. On discute sans fin de la maltraitance de l'Histoire, de la sortie du communisme et de son héritage, « *Aujourd'hui, quel bourbier ! Mais pomper la merde, c'est prendre le risque de tout déstabiliser !* », du rôle fondamental des femmes dans la transmission des valeurs, de la *sobornost*, cet « *être-ensemble* » si spécifique du mode de vie russe. Et de mille autre choses encore...

Mais les sous-bois de ce texte sont aussi ceux de la dense forêt de signes qui poussent dans la ville où Annette Carayon a toujours aimé circuler. Sous-bois inextricables pour qui s'écarte des sentiers soigneusement balayés... Comment y ouvrir des passages ? Comment relier ? Comment aller plus loin ? Et pour se trouver où ? En d'autres termes, comment lire, dire, interpréter ce que la ville donne à voir et à entendre ? (Et on voit beaucoup et on entend beaucoup dans ces pages !) Annette Carayon a un plaisir certain à ce « débroussaillage », à cette quête sans fin. Suivre les cheminements heureux d'une pensée interrogative, libre de tout enjeu, n'est pas le moindre plaisir que donne la lecture de ce livre. Ceci n'est pas si fréquent. Et moins encore quand il s'agit de la Russie.

Nicolas WERTH

AU LECTEUR

Ceci n'est pas un livre sur Moscou. Encore moins un livre sur la Russie. Ces carnets sont une visite guidée aléatoire dans les récits que les Moscovites font de leur vie, de celle de leurs proches, de celle de leurs amis. Un trajet dans les récits qu'ils font de leur ville, de leur pays, de l'ici et de l'ailleurs, du passé et de l'avenir, des possibles et impossibles…
Les Moscovites ? Plus exactement des Moscovites. Des hommes et des femmes appartenant à « l'intelligentsia russe », un milieu social qui n'est en rien analogue à celui suggéré par les termes : « les intellectuels parisiens ». Il s'agit d'enseignants discrets, d'universitaires peu visibles, d'artistes marginaux, de chercheurs sans le sou, de sociologues obstinés, de leurs conjoints, de leurs amis, de leurs voisins, de leurs enfants, souvent d'intellectuels septuagénaires qui ont connu « le monde d'avant » et dont certains sont même héritiers de « l'avant avant »… Plusieurs sont nés en France. Il sont arrivés en U.R.S.S. quand ils avaient de quinze à vingt ans avec leurs parents qui, après la seconde guerre mondiale, revenaient dans leur patrie. Une mince couche sociale, mais dont le pouvoir d'irradiation est cependant plus grand qu'on ne pourrait le penser.
La guide ? Une enseignante qui pendant trois ans, de 1982 à 1985, a enseigné le français à l'Institut Maurice Thorez, aujourd'hui nommé Université de Linguistique. 1982-1985 : Brejnev, Andropov, Tchernenko, Gorbatchev. La fin d'une époque. Une enseignante qui depuis près de trente ans a gardé de

proches relations avec ses amis russes, et qui, depuis 2007, revient chaque année à Moscou.

Ces carnets sont les notes quotidiennes de ses trois derniers séjours. Choses vues, entendues et commentées sur-le-champ. Une entrée dans un monde russe mal connu du grand public, un regard sur la ville ombré des images du passé, des interrogations, des éclats de réponses, des questions sans retours, des remarques improvisées, des interprétations risquées, des hypothèses « sauvages », des idées vagabondes qui suivent les sollicitations du moment. Une tentative de capter le vif, le vrai, dans l'ombre des sous-bois. Une tentative qui se sait vouée à l'échec et qui en joue…

Moscou

Avril 2007

« *Chez nous, en Russie,
le passé est absolument imprévisible.* »

Mardi 4 avril

Les allées boisées et les bosquets de bouleaux qui menaient au canal ont été retournés. Tumulus de terre grasse, tranchées ouvertes, tas, passages surélevés de planches disjointes, bandes boueuses. Les quatre *Corpus* de la résidence sont cernés. Deux femmes âgées, arrêtées près de la roulotte du marchand de légumes caucasien. Cheveux mauves, béret orange, teintes vives dans la poussière épaisse qui enduit tout. Les arbres dénudés sont gainés de croûtes grises. Il n'a pas plu depuis la fin de l'hiver.

La Pietà face à laquelle je me réveillais le matin n'est plus là. Les premières lueurs du jour effleuraient les seins dorés des femmes courbées sur le gisant. Ronde heureuse. En un même geste, ensevelissement et résurrection.

Le *gastronom* de béton où il y a presque trente ans déjà j'achetais des poissons en vrac et des fromages blancs dans de grands seaux de plastique s'appelle maintenant le Ramstore. Il a été agrandi, réaménagé, repeint. Rien à voir avec « l'autre ». Il y a tout, et en grande abondance. Charcuterie Ranou, camembert Président, abricots secs de Turquie, thé de Chine, poivrons verts et rouges, salades de Hollande, pamplemousses du Brésil, et des produits labellisés *Rossiski*... Le Ramstore est tenu par des Turcs. Claire :

— « *Les Turcs ont ouvert de nombreux magasins et sont aussi très présents à Moscou dans la construction.* Les Hindous ont investi dans les grands secteurs de l'industrie lourde et dans le textile. Les tissus d'ameublement arrivent d'Inde, ils sont retravaillés dans les usines d'Ivanovo et repartent dans le monde... Et nos matriochkas sont faites en Chine ! Oui, on est maintenant un pays moderne !* » (rires).

Le pays dans lequel j'ai travaillé pendant trois ans, de 1982 à 1985 (Brejnev, Andropov, Tchernenko, Gorbatchev – Quelle chance !) n'était pas un pays moderne. J'y étais revenue chaque année jusqu'en 1991, et puis une grande plage vide, occupée à Paris par les encombrements de la vie.

Une impatience brutale, à voir, revoir, tout voir...

Mercredi 5 avril

Tout autour du *Corpus 3*, le chantier. Des buses, des camions-bennes, une construction de briques à peine terminée, des vitres encore zigzaguées de chaux, une autre zone informe. Les gens avancent, bras écartés, le sac de plastique à la verticale à 50 cm du corps. On évite les trous d'eau, la boue, les gravats. Je pousse comme je peux le fauteuil roulant de Claire dans ce désastre. Claire s'extasie : « *Quel plaisir de respirer enfin l'air frais du dehors !* »

1916 : la photo de « Grand-père et Grand-mère » en grande tenue, droits derrière la vitrine de la bibliothèque. Claire :
— « *Les Demoiselles de la noblesse, éduquées à l'Institut Smolny, étaient formées pour tenir leur rôle et leur rang. Lever à 6 heures, douche froide, apprentissage de la couture, de la cuisine, de l'entretien d'une maison. Pour savoir commander il faut savoir faire. Une règle majeure : en toute circonstance, tenue et dignité. J'ai été témoin à Tachkent, en 1953-54, du retour de la vieille noblesse qui avait passé vingt-cinq, trente ans dans les camps. Aucune rancœur, ils n'avaient rien perdu de leur dignité.*
Les clubs de la noblesse sont maintenant très à la mode ! Ils m'ont un jour téléphoné me disant que ma présence les honorerait. Je leur ai répondu que je me sentirais très ridicule de reprendre aujourd'hui un titre de comtesse, titre que mon grand-père avait abandonné à la fin du XIXᵉ siècle ! » (rires).

Ils sont maintenant septuagénaires, mes amis, et leur histoire, l'histoire de leur famille ont fait de bout en bout la traversée de notre XXᵉ siècle. Porteurs de beaucoup plus que d'eux-mêmes, mes amis.

Mes amis sont mes pierres de touche de l'histoire de ce pays.

Vendredi 6 avril

Le trolleybus est arrêté, la circulation est bloquée. Vendredi de Pâques, on sort de la ville au pas, et dans l'autre sens guère mieux. Voitures noires, vitres noires, voitures grises, vitres noires, camions houleux giclant la boue sur des pare-brise hermétiques… Giboulées de neige et vent blizant. Plus d'une heure pour parcourir 2 km ! Laisser le trolley et prendre le métro à *Voïkovskaia*.

Silence dans le wagon, démarrage brutal du train. J'avais oublié le bruit. Extraordinaire bruit ! Les femmes ont le manteau boutonné, le col ajusté, l'écharpe nouée. Les femmes tiennent. Des hommes en costume et attaché-case, un peu absents, et d'autres, la chemise ouverte, la veste incertaine, un peu rouges, fatigués, le regard vague. Les femmes ont une destination, les hommes sont « ailleurs ».

Journaux et livres ouverts sur les genoux. Ceux qui ne lisent pas ont les yeux clos. Une façon de se protéger du bruit, de dormir encore un peu ?

Pus tard, dans la soirée, Sofia me dira :

— « *Les hommes ? Oui, tu as raison... Mais il y a aussi ceux qui savent où ils vont, et ceux-là tu ne les verras pas dans le métro, ils sont en voiture, tout simplement !* »

Sortie place Maïakovski. Je marche distraitement dans des rues que je ne reconnais pas. Les trottoirs sont encombrés. Vitrines de vêtements, de portables, d'accessoires de je ne sais quoi, voitures en double file (japonaises, allemandes). Je voudrais voir, tout voir, et je ne vois rien.

Autrefois on passait dans la rue, le plus rapidement possible, pour aller d'un endroit à un autre. Maintenant on « est » dans la rue, on habite la rue.

En sortant de la gare, je croise des hommes, des femmes, des jeunes, arrêtés le long des sentiers entre les immeubles. Ils ont tous une canette de bière à la main. Ils boivent en silence, seuls ou en petits groupes. Igor :

— « *L'alcoolisme, c'est bien pire qu'avant ! Et pourtant, avant ! Les garçons commencent à boire à l'âge de 12, 13 ans. La campagne est imbibée d'alcool, laissée à l'abandon. On importe, dit-on, près de 40% de nos besoins alimentaires ! Dans le journal d'aujourd'hui : 'L'espérance de vie pour les hommes est tombée à 58 ans ' (ce qui veut dire autour de 50 ans dans les campagnes). La Russie compte quelque 143 millions d'habitants et il y a chaque année un déficit de près de 700 000 personnes* » *(rires).*

L'U.R.S.S., au début des années 80, comptait quelque 220 millions d'habitants, la Russie d'aujourd'hui 143 millions à peine.

Retour à la Base en taxi. Le chauffeur :
— *« Même nous, après six mois, nous ne reconnaissons pas les quartiers ! On construit, construit ! Sur les chantiers il n'y a pratiquement que des étrangers, enfin, ceux de nos Républiques d'autrefois, nos étrangers à nous, des Caucasiens. Mais surtout des Orientaux, Tadjiks, Kazakhs. Beaucoup de Tadjiks. Au début des années 90, au moment de l'autonomie du Tadjikistan, la guerre civile a fait plus de 800 000 morts ; on comprend qu'ils cherchent du travail ailleurs... Il y a aujourd'hui, dit-on, 13 millions de personnes à Moscou et près de 3 millions de ' non-enregistrés ' qui, pour la plupart, travaillent dans la construction et les terrassements. Ils vivent à 7 ou 8 dans une pièce, gagnent environ 2 000 roubles [80 euros] par mois et en envoient 1 000 chez eux. Ils sont sans papiers à Moscou. La milice en profite pour arrondir ses journées en menaçant de contraventions ceux qui traînent trop visiblement dans les rues. Ils sortent vite 500 roubles et disparaissent »* (rires).

Papiers, papiers... Récits d'un pèlerin russe, 1870 :
— « ...Je vois bien que tu n'as rien, même pas la miche de pain dans ta besace, mais comment te prendre avec moi sans passeport ! (...) Un jour arriva chez nous un vieux mendiant tout affaibli. Il avait le passeport d'un soldat libéré (...) Mais as-tu seulement un passeport ! Montre-moi tes papiers... »

Après l'abolition du servage en 1861, les paysans n'avaient pas pour autant le droit de circuler librement. Ceux qui quittaient la campagne pour l'usine étaient attachés à leur lieu de travail. Impossible d'en partir. Le passeport portait le lieu d'assignation. Il fallait toujours l'avoir sur soi.

Corruption, corruption… Igor :
— « *Aujourd'hui, tout, absolument tout peut s'acheter : un tank, un passeport, une attestation de résidence, un jugement. La corruption est partout et elle est gigantesque, bien plus importante qu'autrefois. Il n'y a plus de règles, en tout cas personne ne les respecte !* » *(rires).*

Papiers, corruption, rien de vraiment nouveau.

Samedi 7 avril

Première visite de l'exposition d'Alexandre Volkov à la nouvelle Trétiakov. C'est pour lui, pour cette exposition, que j'ai choisi ce moment pour venir à Moscou. Valéry :
— « *Mon père est né à Ferghana en Ouzbékistan dans une ville-jardin que les colons russes avaient construite au milieu des kichlaks ouzbeks et tadjiks. Mon grand-père était médecin dans l'armée et ma grand-mère bohémienne. Les militaires l'avaient trouvée, enfant, errant dans la steppe où elle s'était perdue loin de son campement. Il m'arrive de penser que je suis son héritier. Je suis toujours à la recherche de mon campement…*

Mon père a fait ses études à Petersburg, à la faculté de physique et de mathématiques, où parallèlement il fréquentait l'école des Beaux-Arts, mais il aimait raconter que c'est en sortant d'un concert qu'il avait décidé de devenir peintre. Il était allé écouter Michaël Erdenko, violoniste dont le talent et la virtuosité l'avaient à ce point impressionné qu'il avait décidé, ce soir d'été de 1908, de devenir un ' vrai peintre '. Et il a passé sa vie à peindre les hommes et les femmes d'Ouzbékistan, les couleurs de cette terre, les ciels d'Asie centrale. Il aimait les gens, il aimait la vie… »

Bonheur, liberté, densité des couleurs. La Pietà est là, la Pietà que j'avais pour moi seule, les matins, devant mes yeux, à mon réveil.

Beaucoup de monde. Je reviendrai.

Retour à la Base : Samedi de Pâques, le téléphone sonne : « *Bonjour, Christ est ressuscité.* » À l'autre bout du fil la voix répond : « *Oui, vraiment ressuscité !* » Tous les appels entendus ont commencé ainsi.

À la télé la procession est menée par le Métropolite et Loujkov, le maire de Moscou. Elle traverse les rues de la ville, entre dans le Kremlin et pénètre dans la cathédrale de la Dormition. Des popes et encore des popes en mitres dorées et manteaux brodés. Oriflammes, foules extasiées, chœurs et encens.

Je suis surprise de voir le maire de Moscou en tête de la procession et, quand j'interroge, on me répond avec une certaine commisération :
— « *Comment ! Tu n'es pas au courant ! Dès qu'il est entré au Kremlin notre Poutine a été béni dans cette même cathédrale par Alexis II, le Patriarche de toutes les Russies.* »

Là, il y a vraiment du nouveau !

Une piste, peut-être, du côté du pluriel. Les Russies. Il faut bien quelque chose qui les tienne ensemble, les onze fuseaux horaires de toutes les Russies...

Attendre. Laisser le puzzle, petit à petit, faire image. Sous mes yeux, des éclats de couleurs et de formes sans liens.

Dimanche 8 avril

Deuxième sortie avec Claire en fauteuil roulant. Nous allons jusqu'au magasin des produits d'entretien et nous longeons les roulottes des marchands de légumes. Étals fermés. On nous entend, une porte s'ouvre et, avec un sourire, la Caucasienne s'approche de Claire, réajuste son châle, raconte, plaisante. Elle m'invite à rentrer :

— « *Nous n'avons plus le droit de vendre nos fruits et légumes dans les rues de Moscou, mais moi je ne suis pas dans la rue, je vends dedans et je peux fermer la porte dès que je les vois arriver* » *(rires).*

Pour rejoindre les sentiers qui mènent au métro, je traverse l'avenue hors des clous, comme chacun à cet endroit. C'est la deuxième fois qu'une voiture accélère en me voyant. Trous d'eau dans le bitume étalé à la pelle, boue épaisse ; je zigzague sur les bandes de pelouse sèche. Aux abords de la gare, des chiens, immobiles ou couchés sur les trottoirs. Chiens abandonnés. Dans leurs regards, attente, incompréhension, demande, supplication, renoncement... En bas, sur le quai, un chien berger s'est roulé en boule au pied de l'escalator. Sous son nez des bouts d'os. Il ne lève jamais la tête. Je le verrai tous les jours. Claire :

— « *Ils sont des centaines dans la ville, une de nos amies s'est lancée dans la protection des chiens, elle a écrit à Loujkov et elle a fondé une association* » *(rires).*

La cour de l'immeuble de Sofia me paraît plus propre, les grilles basses qui bordent les pelouses ont été repeintes en vert. « *Loujkov entretient bien la ville* », me dit-elle. La petite maison de bois au fond de la cour a brûlé. A brûlé ? A été brûlée ? J'en verrai plusieurs pendant mon séjour, victimes d'incendies. L'escalier n'a pas changé, marches usées, adoucies de crasse consistante aux jonctions, taches incrustées, mégots. L'ascenseur ferraille et tangue. Pire qu'avant ! L'appartement est agréable, confortable, rénové.

Ikea est passé par là.

Le *remont* chez Sofia a été fait par des Ukrainiens, chez Pavel par des Ouzbeks, chez Marina par des Tadjiks. Claire :

— « *Les étrangers travaillent. Les Russes ? On ne les voit pas !
Peut-on vraiment parler d'étrangers d'ailleurs ? En haut ils prennent
des décisions :* ' *On ne veut plus à Moscou de ressortissants des
Républiques du sud non enregistrés,*' *mais, comme toujours,
ces décisions d'en haut ne sont pas suivies d'effet ! En bas, par contre,
on veille... Les vieilles habitudes ne sont pas perdues : comment,
discrètement, nuire aux voisins ! De la jalousie ? Non, pas vraiment,
c'est plus subtil que la jalousie, je ne suis pas sûre qu'il y ait un mot
pour ça !* (rires). *Donc, nos chers voisins ont dénoncé notre Tadjik à
la milice. Les miliciens sont venus et ils l'ont interpellé quand il
sortait de chez nous. Valéry s'est précipité, leur a mis 500 roubles
dans la main et les a menacés :* ' *Si je vous revois ici, c'est moi qui
irai vous dénoncer à la police* » (rires).

Nuire aux voisins... J'ai gardé dans mon sac le livre de
Zinoviev, *Nous et l'Occident*, que j'ai piqué chez Sofia. Au hasard :
— « *J'affirme que le stalinisme fut l'expression classique d'un
pouvoir populaire conduit jusqu'à ses limites. Ce fut la réalité du
pouvoir populaire, son organisation et sa vie quotidienne (...).
Je sais la puissance répressive que peuvent représenter tous les
collègues, les camarades, les voisins, les amis...* »

Arrivée de Sacha qui depuis quarante ans et plus travaille sur
Khlebnikov et sur l'avant-garde du début du XXe siècle.
Il apparaît de temps à autres chez Claire où il y a toujours table
ouverte. La minuscule cuisine est le lieu d'un brassage incessant
de récits venus du tout Moscou. Sacha :
— « *Zinoviev ? Il est décédé il y a deux ans. L'année avant sa
mort il avait participé à plusieurs émissions de radio où il s'opposait
violemment aux changements en cours. Il s'était même inscrit au
Parti Communiste ! La société précédente était, selon lui, plus
humaine que celle qui émerge aujourd'hui.* ' *Les dictatures
politiques sont pitoybles en comparaison avec la dictature financière.
Une certaine révolte était possible au sein des dictatures les plus*

dures ; aucune révolte n'est possible contre les banques,' répétait-il ! »
(rires).
— ???

Lundi 9 avril

Hâte de revoir la place Rouge, bulbes, clochers, murailles crénelées... La Cathédrale de Kazan, construite en 1636, détruite en 1936, a été reconstruite à l'identique en 1993. Près de l'entrée de la place, un grand panneau : *La vierge de Kazan*. C'est la semaine de Pâques, un haut parleur diffuse en continu de magnifiques chœurs de voix graves qui roulent en volutes sur la place quasi déserte. Juste en face, sur le côté du *GUM*, en lettres d'argent : *Dior-Vuitton*. Sous la coupole de l'entrée principale du *GUM*, exactement en face du Mausolée, une large banderole : *Pizza Rossa*. Le Mausolée est fermé. Les soldats, immobiles si intensément, qui montaient la garde de part et d'autre des lourdes doubles portes de bronze ne sont plus. Trois marguerites dans un papier enrubanné, déplacées par le vent, hésitent, en déséquilibre sur une marche. Un couple se fait photographier. Les hautes lettres brunes de *LENIN* se fondent dans le marbre rose...

Je m'attendais à tout, sauf à voir sur la place Rouge Lénine concurrencé par Pizza Rossa.

Mardi 10 avril

L'aquarium de l'Ambassade de France est toujours aussi glauque !
Sur une borne, derrière, dans l'allée qui mène au consulat un tag violet : *Make war not peace*.

Un long moment dans l'église en face de l'ambassade. Elle a été rénovée, repeinte. Ors lumineux, petits lumignons rouges, senteur des cierges, douce chaleur, et sur les murs, tant de beaux visages en sérénité. Contraste vif avec la brutalité rugueuse du dehors. L'église, îlot de repos dans la rude Russie d'autrefois ? Témoignage d'une possible autre vie, celle qui devrait être ? Les églises d'ici ne sont pas morbides, il y fait bon et beau... Les gens y vont et viennent librement. Vadim :

— « *J'y passe parfois et je mets un cierge en souvenir de ma grand-mère qui, secrètement, m'avait fait baptiser.*

L'Église orthodoxe ? Oui, bien sûr, elle est associée au pouvoir. Elle a pris la place de l'idéologie précédente. La plupart des enseignants que je connais, qui autrefois assuraient les cours de marxisme léninisme, ou ceux dont on me parle, font aujourd'hui des cours de religion, d'histoire de l'orthodoxie ou carrément de catéchisme. Une de nos amies a réalisé un film documentaire sur Nietzsche. Les universitaires qui supervisaient le projet et les producteurs ont beaucoup apprécié son travail. Mais, pour la commercialisation, lui a-t-on dit, le film doit recevoir l'autorisation de la patriarchie.

Et cependant, il y a aussi d'authentiques croyants, plusieurs de mes collègues, universitaires pour lesquels j'ai grand respect, vivent une foi qui n'a rien à voir avec un besoin de conformité. »

Claire :
— « *J'ai quitté l'Église orthodoxe, comme la plupart de mes amies. Maintenant c'est la mode des églises protestantes ou des sectes. Et toutes sortes de sectes ! La Russie est certainement un des premiers pays au monde producteurs de sectes ! (rires). Nous connaissons une descendante d'une vieille famille russe qui vit en France et qui vient régulièrement en Russie. Elle a créé une secte du côté d'Irkoutsk où elle est considérée comme une sorte de princesse aux pouvoirs un peu surnaturels... Le surnaturel ? Il est maintenant à la portée de chacun ! De nombreuses sources, par exemple, sont devenues sources*

sacrées. Il y en a des centaines autour de Moscou, surmontées d'icônes, et dans le pays des milliers » (rires).
— ???

Mercredi 11 avril

Retour à l'exposition Volkov à la Nouvelle Trétiakov. Il fait beau et me saute aux yeux l'immense navire métallique aux triples voiles arrimé sur l'île de la Moskova. Étonnant bateau que pilote un navigateur conquérant. Vadim :
— « *Cette sculpture est l'œuvre de Tsereteli, le célèbre sculpteur géorgien. Au départ elle était destinée à la ville de New York et représentait Christophe Colomb arrivant sur la côte des Amériques. Les Américains n'en ont pas voulu... Tsereteli a alors essayé de la vendre à Petersburg, rebaptisant son héros : 'Pierre le Grand à la rencontre de l'Europe'. Même insuccès. Il a alors décidé d'en faire cadeau à la ville de Moscou qui a accepté. Voilà comment nous avons un Pierre le Grand en culottes bouffantes sur un bateau du XVIe siècle au centre d'une ville qu'il détestait plus que tout au monde !* » (rires).
Claire, le soir :
— « *Et le plus drôle, c'est que Pierre le Grand est actuellement très critiqué ! (rires). Oui, la réflexion politique reprend vie chez nous ! Pierre le Grand s'est éloigné de la vraie Russie, disent-ils, il a fait venir d'ailleurs des modes de vie, et surtout de pensée, qui ont détourné la vraie Russie de son destin naturel. Même les Décembristes sont présentement très mal vus. Et tout ça dans le sillage de la pensée dominante, celle de l'Église orthodoxe. Nous avons aujourd'hui une vie pleine d'esprit !* » (rires).

Plaisir à revoir l'exposition d'Alexandre Volkov. Très différent de rencontrer un tableau et de le reconnaître, de l'avoir déjà vu. La vie de tout un peuple est ici racontée avec tendresse. Des mains qui empoignent l'outil, des mains qui assurent sur la tête le plateau de grenades, des mains qui tiennent délicatement au creux des cinq doigts tendus en coupelle le bol de thé chaud, des dos qui plient sous le coton mousseux, des caravanes bariolées dans des collines avalées par d'autres collines, et des maisons de thé brunes où, dans la pénombre, on souffle dans les longus tubas de cuivre et où on tape le tambour. Un voyage dans un Ouzbékistan qui n'est plus... Une amitié tendre pour ce monde et les êtres qui le peuplent.

J'aime ces tableaux où se dit, intacte, l'éphémère densité de la vie. Et cela dans une recherche sans fin de formes et de couleurs. Comment approcher, capter le mouvement de la vie qui devient... Furtif clair de lune reflété dans l'étang sombre d'une forêt. *« L'un des derniers de mon père, l'un de mes préférés »*, me dira Valéry. L'époque n'était pas facile, et il importait, avant tout, d'affirmer la vie menacée. Quelques semaines plus tard, de retour à Paris, aux journées portes ouvertes des ateliers d'artistes de Malakoff, j'avais ces toiles dans les yeux quand tout ici disait la déchirure, l'agression, l'exil, la mutilation, l'exclusion, la dérision, dans une redondance d'écarts de couleurs et de ruptures de lignes qui devenaient tristement prévisibles...

Dire la morbidité sans imposer, dans le même temps, le désir de son contraire, est-ce bien nécessaire ?

Jeudi 12 avril

Jour gris et froid. Mais nous pétrissons les tartes aux prunes et les pirojkis aux épinards...Vers le soir arrive Vera, journaliste, correspondante permanente d'un quotidien français, et qui n'a pas mangé. Samedi une manifestation d'opposants au régime est prévue place Pouchkine. Je demande qui sont ces opposants. Vera :

— « *Autour de Kasparov se rassembleront tous ceux qui ne sont pas d'accord avec Poutine : les démocrates et les représentants du*

Parti communiste seront là, on attend même l'extrême droite facho ! ' Qu'ils se battent entre eux ' aurait dit un proche de Poutine qui, semble-t-il, aurait tout fait pour qu'il en soit ainsi… L'autorisation de manifester place Pouchkine avait d'abord été donnée, mais ' Ils ' refusent maintenant que le rassemblement y ait lieu. Ils l'autorisent, mais ailleurs. Les organisateurs y maintiennent le Rendez-vous. Ça va être dur ! »
Émotion.

— « Leurs revendications ?
— Nombreuses.
— Y a-t-il, par exemple, encore beaucoup de gens dans des camps ?
— Près de deux millions, dit-on.
— Qui sont-ils ?
— Toutes sortes de gens. Nous assistons à une criminalisation de la pauvreté. Des pauvres en infraction, ce n'est pas difficile d'en trouver deux millions… »

À tous ceux que je rencontre, je pose la question : « Vous allez à la manif ? Vous êtes allés à la manif ? » (rires)… Et, rien de plus…
— ???

Vadim :
— « 70 % des gens en Russie sont favorables à Poutine. Pour le moment il n'y a pas d'alternative. Les forces sociales derrière les Démocrates ? Il n'y en a pas. Des intellectuels, bien sûr, des citadins qui connaissent la vie des sociétés occidentales et souhaiteraient ici une vraie démocratie, mais, pour la grande majorité des gens, le mot démocrate n'a pas de sens. Dans le peuple il est employé comme une insulte, un mot qui aurait à peu près la valeur du mot ' pédé ' dans les banlieues françaises… »
Quelques jours plus tard, je rapporte le propos à un groupe d'anciens étudiants devenus profs, rassemblés chez Claire. Tania commente :

— « *C'est exactement ça ! La semaine dernière j'étais à la datcha où j'ouvrais la maison après l'hiver. Mes voisins faisaient de même et j'entends la femme dire à son mari : 'Non, ne jette pas le vieux poêle ! On peut un jour en avoir besoin. Maintenant, avec ces démocrates, on peut s'attendre à tout, ils sont capables de tout nous prendre !* ' »

« Démocrate », l'équivalent de « prédateur cynique » ?

Ça commence à devenir intéressant. J'aimerais bien savoir ce qu'en pense Victor. Téléphone. Ils ont toujours du temps pour les amis. Thé, gâteaux...

Victor :

— « *Démocrates ? Quels démocrates ? Il n'y a pas de démocrates en Russie ! Cela ne viendrait à l'idée de personne d'aller dans cette manif ! Les gens ne sont pas sots. Quand Eltsine a pris le pouvoir et que la ' démocratie ' s'est installée en Russie, qu'est ce qu'on a vu ? Le plus grand holdup du siècle ! Au nom de la démocratie, ceux qui étaient les mieux placés se sont approprié les richesses du pays : gaz, pétrole, mines, forêts, terrains, complexes entiers de résidences de vacances ! etc. Il suffisait d'avoir trois signatures et quatre tampons ! Sont alors devenus modernes, démocrates, et acclamés par tous les pays occidentaux, les mieux placés dans le Parti, dans le KGB, dans les administrations locales et, dans un deuxième temps, les Mafieux, les vrais, les tueurs... Évidemment, entre eux, c'est vite devenu la guerre des gangs ! C'est triste...*

Une des raisons pour lesquelles Soljenitsyne est maintenant mal vu c'est que, dès 1992, il écrivait et disait tout cela ! Ce qui n'empêche pas qu'il y ait dans les grandes villes de vrais démocrates qui croient à la pluralité des opinions, qui souhaitent un statut de l'opposition, mais ils sont une poignée, et comment peuvent-ils s'en sortir quand le mot de démocratie qu'ils revendiquent a été rapté par des malfrats ! »

Soljenitsyne, cité par Kapuscinski dans *Imperium*, 1993 :

— « *Le système qui nous gouverne est l'alliance de l'ancienne nomenklatura, des requins de la finance, des faux démocrates et du*

KGB. Je ne peux pas appeler cette union démocratie. Il s'agit d'un abominable hybride, sans précédent dans l'histoire, et dont on ignore dans quelle direction il évoluera… Mais si cette alliance l'emporte, elle nous exploitera non pas pendant soixante-dix mais pendant cent soixante-dix ans. »
— ???

Vendredi 13 avril

Soleil et ciel bleu, longue marche de l'hôtel National jusqu'à la Place Maïakovski. L'ancienne rue Gorki, devenue l'avenue Tverskaia, est traversée de larges banderoles portant en lettres dorées : *Christ ressuscité !* Luxe des vitrines. Les grandes marques étrangères sont toutes ici. Beaucoup d'Italiens : Hugo Boss, Valentino, etc. Deux femmes marchent devant moi, élégantissimes. Strass incrustés dans le cuir des bottes, jupes très fendues ouvrant sur une dentelle pailletée, talons aiguilles cerclés d'argent… Soudain bourrasque et fine neige givrante. Je rentre dans les cours, les arrière-cours, comme je l'ai toujours fait. Les traces « d'avant » sont encore très visibles : tuyaux du chauffage collectif, à nu sur plusieurs mètres à 40 cm du sol, pans de murs en torchis pelés découvrant les croisillons de lattes sur lesquelles était fixé le plâtre, poubelles ignorées, et chats… Mais déjà, dans la cour suivante, tout a été remis à neuf.

Dans les allées derrière Pouchkine, soldats et miliciens prennent place pour la manif du lendemain. Les soldats : de pauvres têtes de tout jeunes paysans venus de loin… Pris entre un immense NOKIA bleu foncé et une gigantesque VOLVO verte, Pouchkine est tout petit. J'aimais beaucoup Pouchkine.

La Russie s'est largement ouverte au marché international.

Samedi 14 avril

La manif a donc eu lieu. En Russie, les 10 chaînes de télé l'ont montrée. Toutes les télés de la planète l'ont retransmise dans le monde entier. Que s'est-il passé ?

Victor :
— « Il y avait 3 000 personnes, 150 ont été arrêtées et relâchées le soir même. Sur les quelque 13 millions d'habitants que compte Moscou cela ne fait pas grand monde ! La milice a fait une démonstration de force. Pourquoi ? Les emboîtements de manipulations sont tels qu'il est difficile de savoir exactement ce qui se joue dans ces situations et surtout qui se joue de qui. La mise en scène est de part et d'autre très étudiée... On a vu deux ou trois pancartes portant le nom de Bérézowski, en exil à Londres. Pancartes de soutien ? Provocation ? Manipulation des 'Services' pour orienter une lecture univoque de cette manif : 'Au nom de la démocratie, remplacer Poutine par Bérézowski ' ? » (rires). Kasparov ? C'est un brillant et riche joueur d'échecs. Mais le meilleur joueur d'échecs ce n'est pas lui... »

Ça, ça n'a pas changé, l'art de désigner indirectement le pouvoir mis en cause.

Le mécontentement ? Victor hésite et de sa voix lente et triste :
— « Difficile à dire. À Moscou, non, les gens ne sont pas mécontents. Comme tu peux le voir dans la rue, il y a une couche sociale importante qui est devenue aisée, une classe plus que moyenne. Il faut savoir que 80 % des flux financiers venant de l'exploitation des matières premières de l'Est passent aujourd'hui par la capitale. Nous nous rapprochons des pays pétrodollars du tiers monde... On n'investit plus dans la recherche. Dans notre Centre de recherche en physique nucléaire nous sommes obligés d'acheter le graphite à l'étranger ! Poutine soutient les grands centres d'état de production industrielle lourde, le militaro industriel, mais les

investissements sont très insuffisants. Nous importons en grande partie les objets de consommation courante d'Allemagne, des Pays Bas, d'Italie. Tout cela avec l'argent du pétro-gaz. À Moscou, la redistribution se fait sur une bureaucratie dirigeante importante. Un enseignant d'université gagne entre 5 000 et 10 000 roubles par mois, mais les Responsables de cette même institution gagnent 100 000 roubles ou plus… La bureaucratie dirigeante est donc très bien payée. Ce qui représente du monde ! Moscou est une ville riche (ce qui ne veut pas dire qu'il n'y ait pas de pauvres, évidemment !) L'argent vient aussi des firmes étrangères qui emploient un personnel russe, des étrangers eux-mêmes, maintenant nombreux dans la capitale, et des détournements issus de toutes les formes de corruptions, sommes absolument non-évaluables, même par un statisticien professionnel ! Moscou est une ville très très riche, mais, n'oublie pas, Moscou n'est pas la Russie…
En fait, ce pays n'est pas gouverné ! » (rires).
— ???

Dimanche 15 avril

Longue promenade avec Agnès et les jeunes voisins de Claire le long du canal, au pied de la maison où habitait Victor, l'autre Victor, Victor Youlievitch, maintenant disparu depuis près de 15 ans. Il était né dans un shtetl de Tottin, en Ukraine, en 1912. Je suis venue ici deux fois par semaine, tout un hiver. Victor Youlievitch traduisait en français des articles savants portant sur les parémies, énoncés minimaux (devinettes et proverbes) sur lesquels les linguistes tentaient de faire apparaître les « lois » régissant la production du sens. Recherche pionnière qui, dans les années 50 et 60, a sous-tendu le travail qui devait un jour aboutir à la traduction automatique. Victor parlait parfaitement le français, (comme il parlait l'allemand, l'anglais, le roumain, l'espagnol, l'italien…). Mais, me disait-il, ce n'est pas ma langue maternelle, revoyez la traduction avec moi. On me nourrissait d'abord, kacha, fromage blanc et thé noir avec confitures maison dans la petite soucoupe de porcelaine fleurie. Je relisais des textes dont le plus souvent le sens m'échappait... Mais Victor Youlievitch avait une telle intensité de réflexion, de présence, que je reformulais d'une façon qui le satisfaisait des choses que je comprenais un instant et qui fuyaient aussitôt. Étrange... Nous avons beaucoup ri.

Surprise : le passé est parti. Il n'y a plus rien ici, comme s'il n'y avait rien eu.

Dîner chez Vadim. Iégor est venu de Paris pour chanter dans l'église Côme et Damien. Il vient chaque année de Paris donner des concerts et initier au chant grégorien quelques élèves du conservatoire. Délice des vrais repas russes. Multiples entrées de légumes crémeux, escalopes crémeuses, et sorties à la crème...
Et comment les Français voient-ils la Russie ?
— *« En couleurs plutôt sombres.*
— *Contrairement à ce que disent certains de vos compatriotes, ce qui se passe ici n'a rien à voir avec le retour d'un stalinisme, même version soft.* »

En sortant, le long du trottoir, une de ces longues berlines blanches (cinq vitres noires de chaque côté !) semblables à celle des films où l'on voit à Londres les Princes des Émirats faisant leur shopping... Vadim :
— « Ça, ce sont les voitures de nos popes. »

Je dors le soir chez les jeunes voisins de Claire qui se préparent à émigrer au Canada. L'association qui les attend a prévu de les loger gratuitement pendant deux semaines et de les aider à trouver un travail.

— « *Dimitri est Arménien, je ne veux pas que mes enfants aient ici à souffrir d'être 'noirs.'* »

L'appartement est encrassé, d'une laideur miraculeuse. J'en profite pour lire sans interruption le dernier livre de Nicolas Werth : *Staline et son système, terreur et désarroi*. Nicolas revient sans cesse, avec une passion intacte, sur le pourquoi de tant de brutalités et de violences dans le dernier siècle de ce pays. Non, tout n'a pas encore été dit sur ce pourquoi... Une mise en société qui ne prend pas ? Qui n'a jamais pris ? Un contrat social entre le peuple et le pouvoir qui n'a jamais eu lieu ? « *Violences d'en haut et violences d'en bas* » répète Nicolas. Toute l'originalité et la justesse de ce livre me semblent être là, dans la désignation de ce deuxième terme si souvent occulté.

« Violence d'en bas ». Légitime violence, certes, mais portant aussi son refus de toute légitimité. Les violences, pressions et répressions d'une histoire de contraintes séculaires suscitant un imaginaire de liberté qui en est le symétrique inverse. « Contre-courbure » disait Althusser. Autrement dit, déformation qui pousserait à revendiquer non pas une régulation « normale », mais à se défaire à jamais de toute règle... Liberté sans limites ! *Zemlia i volia*. « La terre et la liberté. »

Il me semble tenir là une clé. Celle qui ouvrirait à la compréhension de quelques-uns des paradoxes de ce pays...

Lundi 16 avril

Malgré son rhume, Sonia a traversé la ville pour venir nous voir. Très vite se racontent des histoires d'appartements. Il semblerait que les « histoires d'appartements » aient pris la place des « anecdotes » d'autrefois... C'est sans fin. Sonia était à Paris quand la concierge et amie de son immeuble l'appelle, s'étonnant qu'elle ait vendu son appartement sans l'en avertir. Oui, le nouvel acheteur lui a montré le contrat de vente signé par son mari. Non, Sonia et son mari n'ont jamais vendu leur appartement... Mais alors, mais alors... Retour précipité à Moscou, volatilisation des « prétendants ». Et puis vient l'histoire d'Alexis qui, lui, a été effectivement chassé de son appartement, celle de Dimitri, mort 15 jours après avoir vendu en viager son trois pièces au centre-ville à une « Agence d'entraide », et celle de l'ami de l'oncle de Zoé, etc. *(rires)*.

Ils ont gardé intacte cette extraordinaire capacité à rire de tout !

Mardi 17 avril

Longue balade dans Moscou avec Agnès. Sortie du métro place Pouchkine. La rue Tverskaia, ma rue Gorki que les rigolos de l'époque appelaient Broadway... Et nous obliquons à droite, *Gazetny pereoulok,* vers les églises du XVIIe siècle dans lesquelles j'aimais autrefois m'assoir et reprendre des forces pour aller plus loin. Il y avait toujours là une ou deux vieilles femmes dans la pénombre. Aujourd'hui, une multitude de cierges scintillants, plusieurs jeunes femmes élégantes, immobiles devant l'iconostase, et de sobres mendiantes qui tendent la main à la sortie.

Plus loin, le bel immeuble de pierre, autrefois résidence des artistes, incrusté de plaques, bustes et portraits. Célébration de talents exceptionnels, peintres, danseurs, écrivains, qui glorifiaient une époque, une histoire, un régime. Une trouble émotion en longeant tout cela.

À la correspondance du centre-ville nous errons dans les couloirs et les stations du métro, les yeux au plafond. Paysannes aux champs, récoltes abondantes, soldats de bronze, écussons de la victoire. Un moment de rêverie confuse et une grande tristesse. Tant de vie, d'espoir, de morts, de désespoirs... Comment dire, reprendre tout cela et donner place à tout, à tous ? Et me reviennent ces mots que Victor Youliévitch. répétait, d'une voix plus basse, après les longs récits qu'il faisait de sa vie, de la guerre : « *N'oubliez pas, l'histoire est faite avec les hommes, elle n'est pas faite par les hommes...* »

Direction *Arbatskaïa*. Adossé à un pilier, à l'intersection de deux passages, un grand, beau, jeune barbu, vêtu d'une robe brune, chante. Une voix magnifique. À ses pieds un bol métallique pour les pièces.

Le soir, longue discussion avec Valéry. Plus exactement j'écoute Valéry. Je peux l'écouter pendant des heures. Il me raconte son père, son enfance en Ouzbékistan, la peinture, la sienne, celle des autres, ce qu'il pense de ce monde. C'est avec lui que j'ai appris le russe. Je comprends ce qu'il veut dire, et, du coup, je comprends ce qu'il dit. Et je comprends maintenant tout ce qui se dit dans la maison. Valéry a passé la journée couché, à écouter la radio. « *Le monde va mal, très mal. Il faudrait tout changer, tout, vraiment tout !* ». Que faire ? Écouter le disque des Cubains qui chantent Che Guevara, et chanter avec eux. Béret noir, écharpe rouge et vin de Bordeaux jusqu'à plus de minuit...

Il n'y a qu'à Moscou que je chante et bois à la santé du monde malade.

Mercredi 18 avril

Il fait beau, je marche. Rue Arbat. Une vieille femme tient dans ses bras un singe habillé en bébé. Bateleurs tristes. Quelques lapins difformes dans une corbeille et des étals d'insignes : la faucille et le marteau, le drapeau de l'armée rouge, Lénine, Staline imprimés sur des tee-shirts. Des casques de l'armée hitlérienne, des croix gammées, des vareuses soviétiques... Un peu plus loin un mannequin représentant Poutine, très ressemblant, près d'un autre mannequin, une grande blonde à la poitrine démesurée. Les touristes, russes surtout, ou venant des ex-républiques soviétiques, s'appuient sur l'un ou sur l'autre, ou, comme ce couple de Caucasiens, prennent chacun Poutine par un bras et se font photographier. Plus loin, la photo se fait devant la statue de Pouchkine et de Natalia Gontcharova.

L'exposition *Jeunes peintres* dans une rue voisine a pour titre anglais : *Impossible combinations*. Entre ces éléments incompatibles, comment circuler ? Comment trouver entre eux les liens, les interactions, les écarts, les passages ? Ce titre elliptique me libère. C'est exactement le sentiment que j'éprouve depuis mon arrivée à Moscou. L'exposition dit bien quelque chose de cela : impossible d'organiser un trajet suivi dans ces tableaux chaotiques.

Oui, dans cette ville, tous mes trajets sont à réinventer.

Commencer peut-être par suivre ceux proposés par le *Moscow Times* posé là, sur la table de la *Chocolatnitsa* où je suis entrée, épuisée de fatigue.

« Le projet de construction d'un tunnel sous le détroit de Béring redevient d'actualité. Ce tunnel de 110 km de long serait creusé sous le permafrost et financé par des fonds publics et surtout privés. Y passeraient les conduites de pétrole, les conduites de gaz et une voix ferrée. Le marché nord américain serait ainsi très facilement accessible. »

« Dans un des bars du centre-ville qui vient de s'ouvrir tout objet métallique est recouvert d'or ou est en or. »

« Encore un charnier du siècle dernier mis à jour par les travaux de terrassement vers l'aéroport : des centaines de cadavres avec une balle dans la nuque. »

« À l'occasion de la semaine de l'Italie à Moscou, Poutine reçoit son ami Berlusconi et Jean Claude Vandame dont il adore les films

et avec lequel, dans une vie antérieure, il a fait une compétition de judo. »
« Les Italiens et le Russes sont faits pour s'entendre : ils ont en commun l'art de contourner toutes les règles. »
Le code des *combinations* dont je dispose pour ouvrir le sens de cette page n'est pas le bon. Je retiendrai au moins le « contourner la règle ». Ça, ce n'est pas nouveau... Le soir Sofia me dira :
— « *Contourner la règle ? C'est quasiment devenu un impératif moral !* La règle ici est toujours reçue négativement, a priori injustifiée, injustifiable. Nous avons eu tant de règles absurdes et répressives par le passé qu'aujourd'hui toute règle est synonyme d'arbitraire. Être moderne, démocrate, c'est refuser la règle, toute règle... Sale pays ! »

Mes lectures de ces jours derniers ne sont pas inutiles...

Jeudi 19 avril

Sur les affiches le long de la *Léningradskoe chaussée* : Pamela Anderson, Mama mia, Aznavour. J'ai pris le trolley pour aller écouter le concert de chant grégorien donné par Iégor à l'église Côme et Damien. Adam m'attend près de *Dolgorouki*. Nous commandons un jus de carotte dans un café de la rue piétonne voisine squattée par tous les grands noms de la place Vendôme. Le jus de carotte est excellent.
Concert dans l'église sombre où seules tremblotent quelques bougies.
La voix est nue.
Célébration de la voix, du caractère sacré de la voix.
Très beau.

Retour à la Base. L'Annette de Sibérie et son mari, Sacha, les jeunes voisins et deux nouveaux. Puisque Aznavour arrive

aujourd'hui à Moscou on écoute Aznavour et on reprend en chœur. « *Ay, mourir pour toi, – À l'instant où ta main me frôle – laisser ma vie sur ton épaule – Bercé par le son de ta voix...* »
Excellents les *pirojkis*, excellentes les *confetti*, et sublime le vin de Bordeaux...

J'aime mes amis.

Vendredi 20 avril

Visite d'Alexis :
— « *Mes élèves sont plus intéressants que ceux des années 90. Ils veulent connaître la culture française, les idées. Enseigner ? Je vais bientôt avoir 80 ans mais je ne m'en lasse pas...* »
Valéry fait soudain irruption dans la pièce :
— « *Je viens d'entendre à la radio que c'est aujourd'hui l'anniversaire d'Hitler. On déconseille aux étrangers de sortir dans la rue. Les jeunes fachos célèbrent leur guide, donc tu ne bouges pas, tu restes ici !* »

Appel téléphonique d'un voisin :
— « *La femme de Loujkov (le maire de Moscou) aurait acheté les terrains sur lesquels sont bâtis les quatre 'Corpus' de la résidence et elle aurait l'intention de les détruire pour construire un hôtel. Les résidents seraient relogés ailleurs, plus loin. L'emplacement au bord de la route menant à l'aéroport est idéal...* »
Consternation.
Valéry :
— « *Autrefois on faisait d'abord les expérimentations sur les rats, maintenant on les fait directement sur les gens* » (rires).

J'adore mes amis.

Samedi 21 avril

Claire s'inquiète. Que faire si l'immeuble est rasé ? Elle téléphone, on téléphone, elle retéléphone…
Visite de Katia et Dimitri qui habitent tout près. Ils écrivent des livres sur l'éducation des enfants. Leurs enfants ne sont jamais allés à l'école. L'aîné s'est converti à l'islam et voyage en Orient, en Afrique, en Amérique du sud. Il publie les récits de ses voyages qui, tous, disent la gentillesse et le sens de l'accueil des gens simples du monde entier. Leur fille autiste est parvenue à une réelle autonomie. Ils ont eu l'idée de mettre auprès d'elle des animaux et elle a su entrer en relation avec eux. Dans leur appartement de 45 m^2 du Corpus 4, ils vivent avec deux chiens, trois chats, un hérisson, quatre rats, onze souris blanches, un écureuil (et quelques autres dont je ne connais pas le nom en russe…). Leur fille s'occupe maintenant de chevaux non loin de Moscou ; c'est devenu son métier. Elle est quasiment guérie. Leur maison est ouverte aux enfants du quartier. Ils ont créé des ateliers d'écriture. Dimitri :
— « *Ils racontent leur vie et nous la leur faisons ensuite écrire. C'est passionnant, tout le monde devrait écrire !* »
Ils lisent avec eux des textes, montent des scènes de théâtre. Gratuitement bien sûr !
Claire :
— « *Ils sont croyants. Ils ont évidemment quitté l'Église orthodoxe et vivent simplement, en accord avec leur foi qui leur donne une morale du quotidien. C'est la vieille tradition de l'intelligentsia russe : cultivée, digne et pauvre, très pauvre même, qui, pour rien au monde ne renoncerait à sa liberté. Je pense qu'en Russie il y en a beaucoup d'autres comme eux, plus nombreux qu'on ne le dit.* »

Les êtres les plus libres que je connaisse, c'est à Moscou que je les ai rencontrés.

Dimanche 22 avril

Claire s'inquiète : Si les immeubles sont détruits, comment et où se reloger ?
— « Que faire ? On ne peut rien faire » (silence). « Mais peut-être serait-ce pour moi l'occasion de recommencer une autre vie ! » (rires).
Nous allons à l'Ambassade où Claire, qui a la double nationalité, va voter. On élit le président de la République française. Génia nous conduits dans sa voiture. Sur le *Koltso*, une grande banderole : « *Il y a à Moscou 150 000 Arméniens. Que font-ils ? Pour le savoir, téléphonez au…* » Mais je n'aurai pas le temps de noter le numéro…
Génia :
— « Pourquoi votes-tu socialiste ? Comment peux-tu voter socialiste ? »
Pour Génia, comme pour tant d'autres ici, socialiste = communiste et communiste = stalinien. Conclusion : avoir des préoccupations de justice sociale c'est, malgré soi, être stalinien. Que faire ? Prier pour que la modernité apporte le progrès. Saint Karl, priez pour nous !

Lundi 23 avril

Appel téléphonique : l'information concernant le rachat des terrains par la « mairesse de Moscou » est exacte, mais elle date déjà d'un mois. Entre temps les habitants des *Corpus* (tous liés à l'université puisqu'à l'époque l'Unité de Travail logeait son personnel) se sont mobilisés, ont porté plainte devant le tribunal X et ont fait annuler (?) reporter (?) la décision… On ne sait pas trop. Et on passe à autre chose.
Claire :
— « *Il ne faut pas se fixer sur les difficultés de la vie, il y en a trop, on risquerait de ne plus vivre.* »

Tatiana m'a invitée à assister au séminaire sur les mythes qu'elle co-anime avec le directeur du Centre culturel lithuanien. Je la rejoins chez elle, à l'Arbat. Le jeune enseignant de Petersburg qui doit intervenir est tout de beige vêtu, très élégant. Nous prenons les raccourcis, passant d'un *pereoulok* à l'autre, évitant rues et routes. Je retrouve la ville-village que j'aimais tant autrefois. Les larges maisons du XVIIIe siècle à un étage (celles qui n'ont pas brûlé en 1812), des bouts de jardins broussailleux, de lourdes grilles de fer forgé plantées de guingois, les chats, un bâtiment Art nouveau, deux lions de pierre un peu verdis devant un portail désarticulé, une cour où sont entreposés des bas-reliefs... Au-dessus, à une centaine de mètres, le regard bute sur les façades cimentées des hauts immeubles des années soixante. Le ministère de la Justice, tout neuf, construit dans le style néostalinien réactualisé par quelques grands architectes du moment : colonnes doriques cannelées, marbres gris noir, vitres fumées. Et puis les boulevards à six voies qu'on traverse en « protection tortue ».

Dix personnes : des jeunes, le directeur du Centre lithuanien et les deux « anciennes » de l'Institut de linguistique. Je comprends peu mais je suis portée par l'intensité d'expression des uns et des autres... Jusqu'au moment où un jeune chercheur lithuanien, pour illustrer son propos, passe une vidéo où le poète Kukùcio Baladès lit ses textes dans une église de Vilnius. Sons rudes, bruts, rythmés, qui se durcissent, se désarticulent, les mots deviennent syllabes haletantes, la voix se fait rauque, jappe, reprend et termine en un long aboiement... Extraordinaire mise en scène de l'invalidation du langage ! Précisément parce que je ne comprends pas le lithuanien, s'impose à moi la violente musique d'une mise à mort de la parole.

Quand tant de mots ont été écrasés, réduits en miettes sous le poids de l'Histoire, comment parler, dire vrai ? Le directeur du Centre enchaîne :

— « En 1991, on m'a demandé à Vilnius de participer à une émission télévisée. Les tensions à ce moment-là étaient si vives entre blancs, rouges, droite, gauche, nationalistes, patriotes, démocrates et autres, plus exactement ces mots déclenchaient chez les uns et les autres des images si contradictoires, suivies d'exclusions et d'anathèmes si violents, qu'au fur et à mesure que je parlais je sentais mon discours imploser. Alors, sans l'avoir aucunement prémédité, je me suis retrouvé grimaçant devant les caméras une longue mimique muette de la parole morte... »

Me revient en écho ce que me disait Greimas, un jour de décembre 1984, dans le café de la rue Monsieur le Prince où, quand je revenais, je lui remettais des textes transmis par ses collègues russes :

— « Mes recherches en linguistique, en sémiotique, elles sont nées de ma vie même. Pendant les années de la guerre, en Lithuanie, discours et parole ont littéralement explosé. Ce que disaient les uns et les autres, fascistes glorieux, communistes-patriotes, patriotes-démocrates, démocrates-communistes, communistes-soviétiques, soviétiques-libérateurs, libérateurs-occupants, occupants-assassins, et d'autres encore... violentait la réalité, évidemment, mais violentait plus encore le langage. Les mots avaient perdu leur sens. Je ne pouvais plus parler. Pour retrouver la parole, j'avais besoin de retrouver quelque chose comme 'le noyau dur du sens', quelque chose comme l'atome premier, l'atome insécable, ce quelque chose à partir duquel on pourrait ensuite 'faire du sens' avec sûreté... Je pense que mon 'carré sémiotique' est né de là... » (rires).

Greimas était « d'ici », il a toujours été en exil « là-bas ».

Mardi 24 avril

Longue balade dans Moscou avec Katia. Katia, l'historienne et archiviste passionnée par la Corse. Elle travaille depuis plus de dix ans sur des manuscrits du XVIe et XVIIe siècle achetés à Paris par un noble russe au moment de la Révolution française. Des lettres échangées entre notables français et corses. Dans le fonds « Corse » des archives moscovites se trouvent aussi des documents transportés par Napoléon durant la campagne de Russie... (Quelle idée !)

Où aller ? Et pourquoi pas la basilique de Basile-le-Bienheureux, comme de vrais touristes ! Il suffit de trois ou quatre pas à droite, puis à gauche pour que bulbes et clochetons s'animent, se superposent et se croisent. Une architecture qui danse...

— « *Basilique érigée entre 1555 et 1561 pour commémorer la victoire russe sur les troupes tatares à Kazan* », me rappelle Katia. « *Et on ne redira jamais assez que cette dernière bataille contre les hordes de l'Est a eu lieu en 1552. Nous avons sur vous des siècles de retard, que dis-je, mille ans de retard !...* »

Chapelles exiguës, couloirs pris dans les murs épais, escaliers dérobés, ouvertures étroites sur le grand large de la ville-sud, exultation des couleurs, orange, verts, rouges et bleus, luminosité des fresques, exubérance de fleurs et d'arabesques, foisonnement de motifs et reliefs géométriques. Improvisation et liberté légère enserrées dans d'épaisses murailles... Cette basilique ne ressemble à rien de connu ! L'architecte, Posnik, eut les yeux crevés sur ordre d'Ivan le Terrible qui voulait être sûr que cette merveille ne serait jamais reproduite. Mais quand le terrible Tsar sentit venir sa fin, c'est à Saint-Basile qu'il exigea qu'on le portât pour voir, une dernière fois, la beauté du monde.

Nous prenons en sortant la rue *Varvarka* qui mène à *Kitaï-Gorod*. Sur la gauche une église du XVIIe siècle est en cours de restauration, extraite de l'immeuble qui dans les années cinquante l'avait englobée. Katia connaît les passages qui mènent à la nef où les icônes sont déjà mises au mur, bien que les travaux soient loin d'être finis. Au centre un Christ assis, le Livre à la main. Plus bas

un Christ debout, le Livre à la main. De vieilles femmes vont et viennent, petites souris grises...
Un peu plus loin l'église Saint-Ilya, juste repeinte en rose orangé bordé de blanc. Tout autour, de beaux, vieux bâtiments du XIXe siècle d'où proviennent chants et piano : une école de musique. Vieilles dames et chats ; petit bout de village. Il suffit de quitter la rue principale pour passer ailleurs, dans une autre ville. Moscou est une ville en poupées gigognes. Un quartier en englobe un autre qui en englobe un autre qui n'a rien à voir avec le précédent...
Longue errance qui nous ramène, épuisées, à l'hôtel Métropole, l'hôtel du très grand luxe à Moscou, mon hôtel où je passais autrefois des après-midi entières dans la salle déserte, devant mon verre de thé enserré dans un étui de paille tressée. Les jeunes amoureux de bronze ont quitté le pallier du grand escalier. Je les retrouve dans le hall. Effleurer le socle du dos de la main... Je n'avais pas le souvenir que la grande verrière 1915 était aussi grande, aussi colorée, aussi belle ! Sur le parking, BMW, Porches, Mercédès, et deux voitures blindées noires reprenant le style « caisse rectangulaire » des années 40 : marchepieds, lignes droites, portières ouvrant « à l'envers ». Dernières nées des Mercédès blindées de luxe...

Je suis fatiguée !

Mercredi 25 avril

Claire doit faire une visite de contrôle à l'hôpital. C'est Victor qui nous conduira dans sa voiture. Pour entrer dans le parking, 100 roubles au gardien. Nous apprécions le professionnalisme du geste qui escamote le billet. Couloirs informes, rapiécés d'éclats de mosaïques. Couloirs peints, pas peints, plâtrés, cimentés, rebadigeonnés en beige, en vert cloqué. Ascenseur (non descriptible). 60 roubles au liftier pour qu'il apporte à chacun des sur-chaussons jetables. Dans le service d'urologie, la salle d'examens ouvre directement sur le couloir où circulent des assiettes de petits sandwiches destinés aux hospitalisés du service suivant. Échographie, 100 dollars. Auscultation du médecin, 100 dollars.

Victor :

— *« La corruption est telle qu'on ne peut même plus parler de corruption, ce n'est plus une déviance, un écart par rapport à la norme, c'est un mode de fonctionnement ' naturel '. Tout le monde y participe et l'accepte. Quand le ministère de la Défense vote un milliard de roubles pour l'armement, il en arrive 200 millions aux services chargés de la production ou de l'achat du matériel. Résultat : il y a finalement beaucoup d'argent qui circule à Moscou. Moscou est une ville riche ! Moi, je ne sais pas bien faire. Je suis chercheur en physique nucléaire, et mon salaire est de 7 000 roubles par mois [280 euros]. Mais je m'en sors parce que je suis aussi serrurier »* (rires).

Au retour, du côté de *Sokol*, nous passons dans un quartier entièrement neuf : une ville nouvelle. Des immeubles d'habitation immenses, des tours peintes en camaïeu rose-violet, en dégradés de bleu ; un complexe d'entraînement de patinage tout juste ouvert ; une gigantesque construction en arc de cercle où les appartements sur la tranche ont chacun un petit balcon. On dirait une très très grande demi-roue de foire. Comment vivre sur une de ces étagères ? Et, un peu plus loin, un gratte-ciel dans le style néostalinien, très réussi, frère moderne des anciens.

Après-midi entière devant la télé : Les obsèques de Eltsine. *« Le premier Président enterré selon le rite orthodoxe depuis la Révolution. »* La basilique du Saint-Sauveur a été reconstruite au début des années 1990, à l'emplacement de l'ancienne piscine en plein air, elle-même creusée à l'emplacement de la cathédrale élevée pour célébrer la victoire des armées russes sur l'armée napoléonienne, et détruite par Staline. Les clochers sont filmés en

contre plongée : bulbes glorieux sur un ciel clair, exhaussés par l'ample chœur des voix graves !... J'invite Valéry et Claire à regarder avec moi :
— « On a autre chose à faire. »

Cercueil ouvert, quatre soldats en arme aux quatre angles, cortège éploré. L'épouse, la fille, la famille en douleur. Clinton, le père Bush, John Major, Poutine, chacun tenant un cierge à la flamme vacillante. Plus loin, Gorbatchev, Walesa, tous les « chefs » en exercice dans les années 1990 sont là. La cérémonie est longue, très, très, très longue. On glorifie « *Celui grâce auquel la Russie a pu redevenir elle-même.* » On se signe, on se contresigne, et on se signe encore. Poutine a de rapides coups d'œil latéraux, vifs, nets, précis. Je compte quelque 70 popes qui lentement se croisent et se recroisent, digne ballet de robes chamarrées d'or et d'argent. Et ces voix magnifiques qui ouvrent et amplifient l'espace...

Cimetière *Novodievitchi*, tirs de canons, à nouveau popes, chœurs et homélies en boucles. Grandiose cérémonie ! Il est 17 heures, affectueuses embrassades de Clinton et de la veuve. Le père Bush semble très très éprouvé...
18 h, arrive Tatiana qui travaille au ministère des Affaires étrangères.
— « *Nous avons passé deux jours en correspondance incessante avec Washington. Ils voulaient avoir tous les détails du protocole suivi pour l'enterrement de Nixon !* »
Rumeur :
— « *La fille de Eltsine voulait que son père soit enterré au centre même du cimetière Novodievitchi, ce qui est impossible car passent là d'importantes conduites d'eau. Cela l'aurait mise en fureur !* »

Claire :
— « La nièce d'Anastasia gère l'immense fortune de la fille de Eltsine. Elle a de quoi acheter en entier le cimetière de Novodievitchi, et bien plus encore. Pourquoi ne l'a-t-elle pas fait ! »

Rions !

Jeudi 26 avril

Sur la place Rouge un agent de tourisme propose des circuits en ville incluant la visite du mausolée de Lénine ouvert trois matinées par semaine : « *Visite gratuite pour les vétérans et les invalides.* » J'hésite. La dépouille vit vraisemblablement ses derniers moments en ce lieu. Certains auraient proposé de l'enterrer à Petersburg. Lénine serait près de sa mère.
J'irai plus tard saluer l'Histoire…
Et revient cette image. Ici même, novembre 1982. Je suis à Moscou depuis quelques semaines à peine et je défile sur la place Rouge avec les collègues de l'Institut désignés pour participer au cortège qui rend hommage au chef de l'État décédé. Le cercueil de Brejnev est incliné face au Mausolée. Extrême surprise : le cercueil est ouvert, le visage du mort découvert. En rang au faîte du Mausolée, le Politburo. Le mort face au cadavre emmuré, lui-même surplombé d'une rangée de vieillards. J'assiste là à une célébration de la mort.
Ce pouvoir est mort. Certitude dont aucune lecture ne m'a, par la suite, imposé l'évidence avec autant de force…
Continuons.

Devant le Musée national d'histoire de la Russie un boyard et une boyarde en costume du XVIIe siècle invitent les passants à entrer. Le musée a été récemment réorganisé. Je fais sagement tous les étages, commençant avec Kiev et Novgorod au Xe siècle.

Garder à l'esprit les 400 ans de présence de la Horde d'or, partie du désert de Karakorum. (Pourquoi, comment, de grands Empires conquérants sont-ils nés du désert ?...) D'étage en étage il apparaît que l'Église orthodoxe est l'axe organisateur de l'histoire russe.

Je m'arrête longuement au troisième étage. Un grand portrait de Nicolas II et des scènes de la vie quotidienne : des paysannes aux champs, vêtues de blouses brodées, une campagne organisée et prospère, une ville en développement. Un diaporama de photos prises aux tout débuts du XXe siècle confirme cette image de tranquillité et de prospérité. (Il faudra revoir les grands peintres du XIXe à la galerie Trétiakov.)

Une jeune fille, 20 ans, s'approche de moi. Dans ses mains, une tablette, un crayon :
— « Puis-je vous poser deux questions ? Parmi tous les symboles du XXe siècle, quel est pour vous celui qui est le plus important ?
— La faucille et le marteau.
— Est-ce que cela, pour vous, fait partie de l'histoire ?
— Je ne comprends pas votre question. »
La question est alors reposée en anglais.
— « Je ne comprends pas la question, mais ce n'est pas un problème de langue. » Silence perplexe de part et d'autre...
Deuxième question :
— « Quel est pour vous l'événement le plus important du XXe siècle ?
— La seconde guerre mondiale.
— Est-ce que cela pour vous fait partie de l'histoire ?
— Je ne comprends pas la question ».
Même scénario que précédemment.

Certitude : je suis ici devant un cas avéré de maltraitance de l'histoire !

La perplexité m'assoit sur les marches du dernier escalier conduisant au XXᵉ siècle… Ce que j'ai entendu et vu depuis un mois m'amènerait à l'interprétation suivante : La « bonne » réponse pourrait être : « *Non, la faucille et le marteau ne font pas partie de l'histoire russe. Oui, la seconde guerre mondiale fait partie de l'histoire russe.* » Autrement dit, il y aurait une histoire naturelle, prédestinée, de l'histoire russe, en priorité portée par l'Église orthodoxe, dans laquelle la révolution de 1917 serait un événement hétérogène, n'appartenant pas à « l'Histoire russe ». La seconde guerre mondiale, par contre, la « Grande Guerre patriotique » qui a rassemblé le peuple en son entier, ré-ouvert les églises où s'exaltait l'union sacrée, elle, ferait partie de l'Histoire. Le mot histoire perdrait donc ici son sens de « consignation et étude d'événements qui ont eu lieu », pour devenir : « effectuation d'une destinée ailleurs inscrite, et respect de sa destination… »

Et je reprends l'escalier conduisant au XXᵉ siècle… Derrière des vitrines, des pièces reconstituées, des intérieurs des années trente : un salon, une cuisine, une chambre, des vêtements suspendus, des statuettes ; l'une, en particulier, représentant une famille unie dans un échange de tendres regards. Nathalie qui m'a rejointe regarde tout cela avec grand plaisir :
— « *C'était exactement comme ça chez mes grands-parents.* »

J'apprécie, mais il me manque quand même quelque chose… Je vais voir la gardienne, lui demande s'il y a une autre salle d'exposition. Réponse négative. Je fais le tour, essaie une ou deux portes closes, reviens la voir :
— « *La Révolution ? Elle est passée où ?* »
Avec un sourire malicieux elle me montre du doigt le cabinet noir central, une tubulure hexagonale qui rejoint le plafond.

On y entre par un des côtés. À l'intérieur, lumière rouge tamisée : des affiches, uniquement des affiches qui recouvrent tous les panneaux. À gauche, Lénine invite à « *attaquer le capitalisme corrompu* », d'autres affiches, celle où Staline, en 1952, appelle à « *voter lors des élections libres* », etc. La dernière, récente, mais conçue dans le style des précédentes, représente une faucille corrodée d'où s'écoulent quelques gouttes de sang. Le marteau a disparu. L'affiche est traversée d'une bande portant ces mots : « *Plus jamais ça* ». Au-dessus de l'entrée une photo de Gorbatchev sur une vitre dépolie, indirectement éclairée. Gorbatchev tient une baguette de chef d'orchestre ; sur le pupitre devant lui, une partition portant le nom *Lenin*, au-dessus, un seul mot : *Bravo*.

Nathalie me dit que le musée Lénine est en cours de réorganisation et que vient de s'ouvrir un musée de l'Histoire contemporaine où, vraisemblablement, le XXe siècle recevra une autre illustration.

En sortant nous croisons de nouveaux groupes d'écoliers qui semblent être, de loin, le public le plus nombreux de ce musée. Nathalie s'amuse de mes étonnements :

— « *L'Église orthodoxe ? Bien sûr, absolument liée au pouvoir.* »

Elle revient sur les funérailles de Eltsine qu'elle a, elle aussi, suivies à la télé.

— « *Mon père m'a fait remarquer que le nom de Eltsine n'a été prononcé que deux ou trois fois. Pendant toute la cérémonie il a été désigné par Boris. Tel était l'usage lors des obsèques du tsar. On ne prononçait pas, dans cette occasion, son nom de famille, ni son patronyme. Le tsar inhumé était un être ' nu '. Le tsar pouvait être tutoyé par ses sujets et sa disparition était celle du ' Petit père du peuple. ' Effectivement, ces funérailles ont été royales, tsarales... Tout le monde était là, y compris Gorbatchev... Cela n'étonne personne, au contraire, la société a besoin d'unanimisme, que nous soyons tous d'accord, qu'on soit tous unis...* » *(rires).*

Je n'essaie plus de comprendre...

Et nous passons à autre chose. Nathalie travaille au musée du Cinéma et me raconte les batailles épiques menées pour maintenir ce musée : les pétitions signées par les plus grands réalisateurs du monde, les négociations ubuesques, le déménagement, les trois lieux, évidemment très éloignés les uns des autres qui constituent maintenant le musée du Cinéma, etc. Mais on continue, et on continuera !

Déjeuner avec Vadim près de *Krapotinskaia*. Petit restaurant ouvrant sur une cour où les branches, enfin, sont enveloppées d'une transparente buée verte. Des fleurs sur le rebord des fenêtres, des tables de bois, comme à Paris, mieux qu'à Paris, comme on l'imagine en Italie. À la table voisine un Français semble avoir quelques centaines de milliers de roubles en difficulté, quelque part dans le pays. Difficultés que l'interprète semble avoir du mal à expliquer à son interlocuteur-partenaire russe…

L'enseignement en Russie ?

Vadim :

— « *Difficile de répondre globalement, mais dans mon domaine, l'enseignement des sciences et des mathématiques, le relais est transmis. Il y a encore des professeurs d'université qui, dans tout le pays, vont faire des cours dans des écoles, des lycées. Ils font partie d'associations d'enseignants passionnés de maths, comme il y a des passionnés d'échecs. Ils font ce travail bénévolement. Nous avons toujours d'excellents élèves en mathématiques.* »

Nous marchons jusqu'à l'Université autonome, un beau vieux bâtiment de deux étages au milieu des arbres. On aurait envie d'aller là pour le plaisir.

Vadim :

— « *Le chat m'attend tous les mardis. Il sait que je viens le mardi !* »

Effectivement, le chat sort du carton posé sur la fenêtre, un beau chat roux qui s'étire, attendant la main… Nous croisons à la bibliothèque un jeune étudiant américain pour lequel Vadim

complète la réponse apportée à la question posée lors du cours précédent.
— « *Les étudiants américains sont très bosseurs.* »

Je suis au hasard les rues du vieil Arbat vers le *pereoulok Spassopeskovski* (le passage des grains de sable) où habite Tatiana. Elle a préparé pour moi un « vrai » repas : aubergines farcies, haricots noirs en sauce, viande à l'étouffé, petits légumes, fromage lithuanien et *confietti*... Nous mangeons dans la cuisine. Les livres sont partout, absolument partout : sur le rebord des fenêtres, sur les étagères à côté des paquets de farine, dans la resserre où le portrait au crayon d'Akhmatova voisine avec les pots de confiture vides. Les portes du placard quittent leurs gonds, on les referme à deux mains. Elle parle en russe, je parle en français, nous pouvons donc nous raconter sans contrainte. Les difficultés de sa vie personnelle n'ont pas altéré sa passion pour la recherche en linguistique. Pour ses 70 ans ses collègues ont édité un volume de *Mélanges* qu'elle me montre avec fierté.

Pour elle, comme pour bien d'autres que je connais ici, la culture est un lieu d'existence et non un objet de référence. Comment adhérer à ce monde du dehors ? Impossible. Alors, autant l'ignorer et habiter le monde des symboles et des idées. S'échapper par en haut...

Nous, « leurs amis étrangers », nous bénéficions avec eux, grâce à eux, de tout cela sans avoir à en payer le prix.

Vendredi 27 avril

Rendez-vous avec Sonia à la galerie Trétiakov. Plusieurs groupes d'écoliers passent devant nous, sages, attentifs. Je suis curieuse de revoir les tableaux du « Grand XIXe » que je connais bien. Les accrochages ont changé. La folie dans les yeux d'Ivan le

Terrible tenant dans ses bras le fils qu'il vient de tuer (Répin) ; la folie dans les yeux de la *tsarevna Sophia* dans le couvent où elle a été enfermée par Pierre le Grand après l'exécution des *Streltsi* (Répin) ; la passion fanatique dans les yeux de la *Boïarynia Morozova*, conduite à la mort enchaînée sur son traîneau (Sourikov) ; le fanatisme fou dans cet affrontement où s'opposent, dans l'église même, partisans de Nikon et vieux croyants ; et puis des champs de cadavres où les morts se distinguent à peine de la récolte à l'infini ; monceau de têtes dans le patio d'un sultan turc après la guerre de Crimée ; monceau de crânes picorés par les corbeaux (Vréchtchaguine) ; corbeaux encore, mais, cette fois, dans les branches dénudées des bouleaux qui dominent le village (Savrassov) ; et puis, sur un traîneau, un cercueil et des enfants (Perov) ; des bateliers en loques halant le bateau sur la Volga (Repin) ; un village, quelques maisons alignées de part et d'autre d'une route qui ne mène nulle part. Qui, plutôt, butte contre ces forêts hostiles que Chichkine démultiplie sans fin... On pourrait continuer. Mais il y a aussi, dans les salles voisines, l'intelligence, l'élégance intérieure, la profondeur, la dignité de tant et tant de beaux visages de Moscou ou de Petersburg.

Violences, folie, misère d'un côté ; solitude de la noble intelligentsia de l'autre...

À la cafeteria Sonia raconte : « *Les femmes tiennent...* »

Nous reprenons ensemble le métro. Je l'ai laissée nous guider et nous nous perdons, moi qui ne me perds jamais dans le métro ! Nous voyant interrogatives devant un plan un homme s'approche :
— « *Vous allez à Tagankskaia ? J'y vais aussi, je vous guide.* »

Nous suivons, il commence alors à réciter des poèmes que rien ne vient interrompre, ni la foule qui nous presse, ni l'escalator encombré, ni les couloirs où nous accélérons le pas... Un poème enchaîne sur un autre... Je vois soudain passer la station *Kievskaïa*, nous sommes à l'autre bout. Nous aurons beaucoup de mal à perdre notre guide poète...

Il y a toujours ici des *tchoudaki* en liberté. Des « originaux » comme on dit dans le midi...
Ce sont les *tchoudaki*, qui font avancer le monde, disent-ils.

Samedi 28 avril

Salade russe à la mayonnaise, crevettes, gratin de courgettes, pizza, gâteau aux prunes, nous préparons la soirée que Claire a prévue pour fêter mon départ. Se retrouvent chez elle ce soir d'anciens étudiants que j'ai connus il y a plus de 25 ans, maintenant devenus profs de français, des anciens élèves de Claire, et quelques autres que j'ai croisés dans ma vie antérieure...

Gaîté, amitié. Nadia a fait un recueil de textes de la littérature française de 1990 à 2005 qu'elle est heureuse de nous offrir. Très vite on abandonne le français pour raconter en russe les histoires d'appartements (impossible en français !) L'histoire de Xénia et de son mari Boris est un roman policier. Ils ont mobilisé la presse, la télé, et ont finalement pu récupérer les milliers de dollars (gagnés à l'étranger) qu'ils avaient versés pour l'achat d'un appartement sur plan *(rires)*.

Boris :

— « *L'argent ? Il y en a beaucoup dans Moscou. Il y a eu récemment une réunion des anciens élèves de mon École de chimie. Sur les quelque 300 que nous étions, nous ne sommes plus que 80-90 à faire encore de la chimie. Tous les autres sont dans le business. Tout le complexe de production militaro-industriel s'est effondré, or la*

recherche en dépendait... Maintenant on achète à l'étranger. C'est avec Eltsine que tout a commencé, on lui doit beaucoup » (rires).
Comment enseigne-t-on aujourd'hui l'histoire de ce pays ?
Nadia :
— « Les Russes eux-mêmes ne le peuvent pas. À l'université MGU c'est le livre de Nicolas Werth qui reste le livre de référence pour l'enseignement de l'histoire de l'Union Soviétique. Il y a bien des historiens russes, et d'excellents historiens, mais leur voix ne peut être entendue, il nous faut des étrangers ! Nous sommes un peu malades... »

Dimanche 29 avril

Je pars demain.
Rostropovitch est mort, ses funérailles auront lieu dans la cathédrale Saint-Sauveur.
Valéry :
— « Il va bientôt falloir faire la queue pour passer à Saint-Sauveur. Les oligarques, eux, ne feront pas la queue. Je suis sûr qu'ils diront : 1 million de roubles et je passe le premier ! Peut-être y aura-t-il une compétition entre eux et qu'ils y passeront tous ! » (rires).
Valéry me montre ses dernières toiles :
— « Il faut concentrer, concentrer, mon père me disait toujours : 'Méfie-toi du vide.' Tu vois, je sais à l'avance ce que je veux faire, mais je ne sais pas ce que je fais... Je vois le résultat et je vois si ça coïncide ou pas. Tu vois, ce tableau, je voulais faire un nu. Je l'ai fait. Et après, je l'ai couverte, cette femme nue... Et maintenant elle est vraiment nue ! » (rires).

Concentrer, concentrer... Valéry décrit ce portrait de Rembrandt qu'il voulait absolument voir à Amsterdam :
— « Un des tableaux les plus denses que je connaisse, mais le musée fermait au moment où j'arrivais. Je voulais tellement voir

cette toile que le gardien l'a compris. Il m'a accompagné, il a fermé le musée et il est venu me rechercher une demi-heure après. Il s'est passé la même chose à Paris avec les Nymphéas *de Monet, ils m'ont laissé entrer après la fermeture. C'étaient des jeunes et ils me comprenaient.*

Ici aussi je rencontre souvent des jeunes dont je me sens immédiatement proche. Quand je suis dehors avec Claire et son fauteuil roulant, il n'est pas rare que des jeunes s'approchent et nous proposent leur aide. L'un d'eux dont je déclinais l'offre, à un jour tendu à Claire une des mandarines qu'il venait d'acheter.

Beaucoup de gens dans notre Russie malade ont encore gardé leur âme. »

Lundi 30 avril

Le taxi vers l'aéroport roule bien, pas d'encombrements, un ralentissement :

— « *C'est un des cinq Auchan de Moscou. Le week-end c'est plein, plein, plein. Il faut faire la queue pour entrer dans le magasin. Mais dès qu'on dépasse le Grand Moscou, c'est la misère, la grande misère.* »

Qu'en est-il de tout cela ?

Il faut absolument que je revienne.

Moscou

Décembre 2008

« *N'oubliez pas, l'Histoire n'est pas faite par les hommes, elle est faite avec les hommes.* »

Victor Youlievitch ROSENSWEIG

Dimanche 30 novembre

Prague : 9 h 15. De sales épluchures de neige ont été repoussées sur les bords des pistes. Gris uniforme, terre et ciel indistincts. Les longs couloirs de l'aéroport international vont en pentes douces, de dénivelé en dénivelé, vides. Marbres gris, marbres gris bleu, marbres gris blanc, et, à distances égales, de larges carrés veinés de rose. L'aéroport est neuf. On suit un très long couloir bordé de chaises métalliques posées sur des pieds grêles d'insectes flotteurs. Un instant immobilisées elles vont disparaître dans une fuite imprévisible… Le tapis roulant longe un mur rouge brun où se raconte l'histoire pédagogisée de l'aviation.

Une soudaine bouffée de plaisir inattendu : tout est neuf mais l'atmosphère « paysdlest » est intacte. Je retrouve…

Dans l'espace café, près de la salle d'embarquement, le comptoir est surmonté d'une énorme coupole de cuivre, étrange alambic d'où sortent des tuyaux qui, près du plafond, suivent les lignes courbes du bar. Gris du ciel, gris du tarmac, rien ne bouge. Une voiture rapide longe les hangars, et puis une autre en sens inverse. Les hommes attablés près de moi, silencieux, boivent de grands bocks de bière. Pas de pendule, pas d'horloge visibles. Sur mon portable : 22 h, il est donc 10 h du matin. (Je n'ai toujours pas trouvé comment changer l'heure…)

De très vieux journaux, verdis par la lumière, recouvrent la colonne centrale. De loin on distingue un défilé militaire dans la brume de la place Rouge, une femme nue sous des voiles flottants, estampillée Päri̇z, un cochon rose enchaîné à un bidon métallique, une danseuse en tutu horizontal, des voitures des années trente sous des palmiers, des hommes politiques en conférence. Sur le grand écran plat de la télé, pub pour un jeu vidéo : des robots prennent le contrôle des sépultures dans un cimetière.

Abyssal exotisme de la banalité…

Envolement…

Cheremetievo 2. Ça brille, ça bouge. Au contrôle des passeports la milicienne me regarde et répond furtivement à mon sourire, plus exactement une intensité de présence hors contrôle passe un instant dans ses yeux… Claire a délégué Génia à l'accueil, la voiture a été garée en stationnement interdit. Elle est sale et les plaques sont illisibles. Milicien, amende, ça dure. Grand calme fatigué des protagonistes.

Très vite des bouchons sur la route. Au niveau de *Khimki*, sur la droite, d'immenses blocs d'immeubles sans la moindre lumière, énormes monticules, gigantesques concrétions géologiques, restes figés de bouleversements telluriques…

— « *Tout cela est vide, absolument vide : la crise !* Les gens n'achètent plus, ne louent plus. Les immeubles sont neufs mais se dégradent rapidement, il y en a beaucoup autour de Moscou. »
Je demande : Sotchi ? Les grands travaux pour les prochains Jeux Olympiques d'hiver de 2014 ?
— « *Je ne sais pas, personne ne sait…* »
À peine entrés, nous sommes poussés au *plov*.
— « *Allez, on mange, on mange, mangez, mangez !* »
Délicieux le *plov*, authentiquement ouszbek, une des vieilles recettes de la maison. Bonheur de retrouver le canapé rose… Tout autour, les théières de cuivre cabossées, les plats de terre épais lissés de céramique bleue, le petit tapis punaisé au mur, le grand miroir ovale aux reflets ternes, les photos dans la vitrine, la statuette de Valéry, peintre-pierrot lunaire, sculptée autrefois par son frère, et les tableaux.
L'âme se met ici spontanément en état de lévitation…

Valéry, victime de « *la tempête magnétique qui fait monter la tension* » enfonce son calot ouszbek sur sa tête et se recouche. Claire sort le texte que nous devons revoir ensemble, là, maintenant, tout de suite : *La tentation du rideau*.

Lundi 1ᵉʳ décembre

— « *Temps doux* » dit Valéry en se retournant, « *zéro degré* ». Le thermomètre fixé à l'extérieur de la fenêtre est illisible. Sortir pour voir… Le couloir commun a été repeint d'un vert bleu épais, luisant. Le sol est constellé de taches claires, les plus anciennes (chewing-gums noirs incrustés depuis des âges dans le ciment) s'en trouvent rehaussées, exhibées. L'entrée extérieure est repeinte en rouge brun. Les coulures ont ruisselé en flaques entre les bosses du trottoir. Décor prêt pour un film-hémoglobine.

Le Ramstore. J'en connais les rayons aussi bien que ceux de mon Intermarché. J'en ressors avec deux raisonnables paquets : 1 200 roubles, soit 45 euros de courses pour deux jours. Et encore !... La pension de retraite de Claire est de 8 000 roubles.

Devant l'immeuble, travaux. De gros travaux, avec pelleteuse mécanique, trou profond, excavatrices, etc. De quoi s'agit-il ?
— « On a demandé, les ouvriers ne savaient pas. Certains disent qu'Ils ont oublié d'installer les tuyaux de chauffage correspondant aux immeubles construits plus loin l'année passée. Ce que l'on sait c'est que la poste, terminée depuis septembre, n'est toujours pas ouverte puisqu'elle n'est pas chauffée ! L'ancienne est fermée, nous n'avons plus de poste dans le quartier... » (rires).

Rendez-vous à 16 h 30 avec Sacha à la station *Kurskaia*. Bonheur de retrouver la densité du métro, de m'assoir dans la longue file du wagon. Ils sont tous là, immobiles, silencieuses et compactes monades... Sacha me conduit au *Centre d'art contemporain* où a lieu le vernissage de l'expo Pirosmani dont il a fait le catalogue :
— « C'est une usine désaffectée qui a été réinvestie par des galeristes et des artistes, c'est un lieu très branché. On dit que c'est la petite amie d'Abramowicz qui a la haute main sur tout ça. On ne sait pas vraiment. »

Pirosmani, peintre géorgien naïf, contemporain du Douanier Rousseau qu'il ne connaissait pas mais avec lequel il a de grandes ressemblances. Personne dans la galerie. Sacha doit être ici avant les autres.
Les yeux, de grands yeux noirs qui emplissent les visages, les mêmes chez l'agneau, la vache, le lion, les marchands qui fêtent ou l'enfant immobile près de son père. Des yeux emplis de naïveté, de sagesse et de résignation. Des yeux où s'inscrit naturellement la fatalité du destin. L'agneau pascal sait qu'il va être sacrifié, la femme

attend le coup du poignard levé sur elle. Mais rien de tout cela n'est triste. De très anciennes traditions portent, vivants, tous ces êtres ensemble. Et la gravité de la vie se fête, ensemble, avec violons, tambourins et tonneaux de vin... Pirosmani était orphelin, très pauvre, et il avait quitté sa campagne austère pour Tbilissi où il vivotait. Un jour de mai 1909 est arrivée à Tbilissi une troupe de théâtre française. La belle Marguerite de Sèvres y dansait et chantait des chansons d'amour. Pirosmani tomba amoureux d'elle et vendit son échoppe pour lui offrir des roses. Mille, dit-on. Ce ne fut pas suffisant pour séduire la Belle, et Pirosmani, ruiné, survécut en peignant les histoires de son peuple sur les murs des tavernes et des bistrots, sur des cartons et des planches. Il mourut quasiment inconnu, on ne sait où, de faim et d'épuisement.

— *« Je sais ce qu'il nous faut, mes frères. Au centre de la ville nous érigerons une maison en bois où nous pourrons nous rencontrer. Nous achèterons une grande table, un samovar et nous boirons du thé. Oui, nous boirons beaucoup et nous parlerons d'art... »*

Ils sont arrivés, nombreux. L'expo est ouverte par le précédent ministre russe de la culture. Longues prises de paroles de cinéastes, écrivains, critiques d'art, russes et géorgiens, etc. Tout ce monde-là se connaît. Hauts talons de bois bicolores rouges et verts, fourrures tissées de jute, peplums retenus par des boucles cuivre et cuir... Les Géorgiennes, bijoutées d'or, de noir vêtues, lèvres écarlates, fendent les flots vers le large... Et aussi de vieilles et longues dames aux yeux attentifs, intensément bleus.

Pirosmani ? C'est l'occasion pour la Géorgie et la Russie d'affirmer aujourd'hui tout ce qui les unit. En particulier les deux ou trois cents personnes présentes ici ce soir. Aux infos de 23 h, sur quatre chaînes différentes, longues présentations et commentaires de ce vernissage. Sacha sait parler de Pirosmani.

Mardi 2 décembre

Papiers, visa, passeport à remettre à l'Ambassade d'où me vient l'invitation. Comme toujours, sortir de là le plus vite possible… Sur l'immense place, devant l'immense statue de Lénine (la dernière, érigée en 1985, quand nous partions), un immense sapin ! Cône parfait, construit de carrés lumineux qui s'allument, s'éteignent et se rallument différents.

L'exposition *L'École Volkov* a lieu au Centre culturel lithuanien où se tenait l'année précédente le séminaire de sémiotique. Le père Volkov avait aux Beaux-Arts de Tachkent élèves et disciples. Ses deux fils, Alexandre et Valéry, l'un et l'autre peintres, ont eux-mêmes des élèves. Le fils d'Alexandre, André, également peintre, a lui aussi quelques élèves. L'exposition *L'École Volkov* présente donc les toiles d'une dynastie de peintres et de leurs élèves.

Beaucoup de monde, élèves, parents, relations, je suis en retard et je ne peux entrer dans la salle où j'entends déjà Valéry parler. Je ne comprends pas, je suis trop loin. Il me dira le soir :

— « *Une expo, ce doit être un partage entre amis, entre personnes liées à la peinture. Une expo ce n'est pas un spectacle fait pour un public anonyme. Le public doit faire partie de l'aventure de l'exposition, de l'aventure de la peinture.*

L'intérêt de cette expo c'est de montrer comment notre enseignement peut 'élever' la peinture. À travers la peinture il faut entendre la musique. C'est ce que je, nous, essayons de faire. C'est ce que faisait Ciurlionis. Mon père aimait Ciurlionis, Vroubel, Scriabine. J'ai été nourri de cela et c'est ce que je voudrais transmettre à mes élèves. Mais en intégrant tout ce qui s'est passé depuis lors dans la peinture… Et toujours la musique, la musique de la peinture quand elle est mise sous tension. Une peinture, ce n'est pas un dessin peint ! »

Valéry a fait le portrait de Sacha. Très beau portrait. J'y retrouve tout ce que je perçois confusément chez Sacha. Son inquiétude un peu stupéfaite, son immobilité, et, en même temps, autour de lui, une luminosité qu'il ignore… Immobilité et mouvement des couleurs, lumière insaisissable partout présente dans le tableau. Faire aujourd'hui des portraits ? Il fallait oser, prendre le risque de se ringardiser. Valéry s'en fout, il y a même de la provoc. dans ce choix : « *Personne ne fait plus de portraits ? Eh bien, moi, j'en fais !* »

Mercredi 3 décembre

Ciel gris, humide, pas un flocon à l'horizon des prévisions météo !
J'ai besoin de timbres.

Entre Véra, notre journaliste, que l'on pousse à la cuisine devant soupe chaude et *pirojki*.

Arrive la voisine du 8ᵉ étage qui prépare régulièrement pour Claire des jus de fruits d'airelles des marais qu'elle va chercher dans un lointain marché où viennent des paysans. Véra s'étonne :
— « *Ils doivent être déguisés, il n'y a plus de paysans !* »
La voisine :
— « *Ce jus de fruit-là, c'est bon pour la circulation et vous en avez besoin, Svetlana. Non, je ne veux pas que vous me payiez, on ne paie pas quand il s'agit de la santé !* »

Où trouver des timbres ?
La voisine :
— « *La poste est fermée et le sera encore longtemps. Et si la poste est fermée c'est parce que la Mafia, on ne sait pas exactement laquelle, a acheté en douce les bâtiments à l'administration pour en faire des entrepôts. Et ils les ont payés !... Et ils se sont arrangés pour bloquer les travaux d'installation des conduites de chauffage, de cette façon impossible d'installer une poste dans ces bâtiments ! Oui, ils les auront leurs entrepôts !* »
Limpide.

— « On peut trouver des timbres dans une autre poste, mais celle de Voïkovskaia est fermée pour travaux, il faudra voir au centre-ville. »
Des timbres, je n'en trouverai pas sur mon chemin, et je rapporterai à Paris mes cartes postales de coupoles dorées et de blanches églises.

Véra :
— « Il n'y a plus de paysans mais il y a des citadins riches ! Dommage que ' l'Expo pour les riches ' au Parc des expositions ait fermé ses portes il y a deux jours ! Tu aurais aimé… Une expo pour les millionnaires, pas pour les oligarques, eux, ils achètent des rues à Nice ou à Biarritz, des tableaux et des avions.
Ce que j'ai vu ? Une voiture à quatre millions d'euros, une petite chienne en robe de mariée, des trucs comme ça !…
Le pays devient de plus en plus malade, il y a un affaissement de la règle morale, de la règle sociale, de plus en plus d'assassinats, de règlements de comptes (malgré les quelque 20 000 personnes que comptent aujourd'hui, à Moscou, les compagnies privées de sécurité). Nous, les journalistes occidentaux, nous n'en parlons même plus dans nos papiers ! C'est devenu la banalité du quotidien.
Je voudrais vraiment partir. »

Arrivent de Paris Nicolas et Elsa. À peine sont-ils entrés (Elsa porte encore son écharpe autour du cou) que Valéry l'entraîne dans sa chambre-atelier et commence à sortir tableaux et dessins. Il parle. Parole qui ouvre un temps où disparaissent l'avant et l'après, où, avec lui, depuis toujours, on regarde et on écoute. L'art, comme pour tant d'autres ici, est son lieu d'existence. L'interlocuteur invité à le suivre doit savoir qu'il entre dans son intimité. Cela peut comporter des risques…

Le soir, aux infos de 11 h, un reportage sur les chasseurs du Grand Nord. Les chasseurs rassemblés autour de l'élan qu'ils viennent d'abattre prient pour son âme. Délicatement ils soulèvent une patte, et puis l'autre, et l'embrassent.

Jeudi 4 décembre

Expédition à *Novo-Jierousalemski*, la Nouvelle Jérusalem, splendide monastère du XVIIe siècle, en partie détruit pendant la seconde guerre mondiale et, depuis lors, en cours de restauration. Le monastère se trouve à Istra, à une centaine de km de Moscou. Un des bâtiments a été depuis longtemps transformé en Galerie d'art où, depuis des années, Valéry expose ses tableaux. Ce sont les derniers jours de sa « Grande Exposition », celle où il a rassemblé des toiles qui présentent le parcours de toute une vie de peintre. Les bâtiments sont aujourd'hui repris par l'Église qui va remettre des moines dans le monastère et, en même temps, rentabiliser les lieux. Un hôtel luxueux est prévu, lieu de repos et de méditation. On y accueillerait des touristes choisis, pour lesquels serait construite une piscine alimentée d'eau bénite, dit la rumeur.

Claire me dira plus tard :

— *« Ce monastère représente beaucoup. Il a été fondé en 1656 par le Patriarche Nikon qui, au XVIIe siècle, a voulu moderniser l'Église et assurer la prééminence de son pouvoir spirituel sur le pouvoir temporel exercé par le tsar. Cela lui a été fatal, à Nikon...*

Medvedev lui-même est venu ici il y a quelques mois pour remettre solennellement le monastère à l'Église.

Devinette : Qui est le chat et qui est la souris ? »

Pas assez de place dans la voiture, Nicolas et moi, nous irons à Istra en train. Les horaires ne sont pas ceux annoncés, et le prochain train a une demi-heure de retard. Nous ne partirons finalement qu'à 13 h 30. Au sortir de Moscou, le train pénètre dans une éponge de brouillard jaune où, à quelques dizaines de mètres, tout devient indistinct. Nous passons le début du grand canal *Moskova-Volga*, « construit par les zeks », rappelle Nicolas... Oui.

De part et d'autre de la voie, sur des kilomètres, palissades renversées, bidons et sacs de plastique, marécages recouverts de proliférations verdâtres, grilles tordues, toits de tôles éventrés, plaques d'éverite en déséquilibre contre les remblais. Les bâtiments mêmes semblent avoir été jetés là, produits du hasard. Et un autre quai qui finit en talus, un talus qui devient butée boueuse, une butée qui se perd dans un terrain inondé, etc. Plus théâtralisé ici qu'en d'autres lieux, l'évidence que l'espace public n'appartient à personne et n'a, en tout cas, rien à voir avec un « espace commun ». Celui qui sort de l'espace domestique (lieu humanisé et civilisé) passe une invisible frontière et arrive « à l'étranger » où plus rien ne le concerne, où tout devient possible, et où la réaction instinctive est de se mettre en posture de retrait-protection.

Une pensée furtive : *« Mais alors, mais alors..., comment une identité de citoyen peut-elle 'prendre' en ces lieux ?...* » Me revient à l'esprit un infime épisode, lors de mon précédent séjour. Je marchais vers le métro sur l'étroite allée cimentée. Une bouteille cassée. Je pose mon sac, ramasse les éclats de verre et les jette dans la poubelle à dix pas de là. Les deux femmes qui venaient vers moi s'arrêtent de parler, me regardent avec une perplexité un peu inquiète, et, avec un évident soulagement dans la voix, l'une dit en me croisant : « *C'est une étrangère* ».

Mon geste était inexplicable : on ne prend pas l'initiative d'intervenir dans l'espace public.

15 h, arrivée au monastère. Immense ce monastère. Mais pourquoi là et non ailleurs ? Et pourquoi ailleurs ? Un pope ventru-barbu-toqué, entouré de cinq ou six adjoints, immobile, examine les toitures en connaisseur. Mais pourquoi ce nom, la Nouvelle Jérusalem ?

— « *Le Patriarche Nikon voulait qu'il soit évident pour tous que l'église orthodoxe russe avait en responsabilité le rayonnement de la vrai foi. La colline sur laquelle fut construit le monastère fut appelée Sion, la rivière Istra fut rebaptisée Jourdain et la cathédrale reproduisit exactement celle du Saint-Sépulcre avec ses 29 chapelles… Les troupes nazies, en se retirant en 1941, firent sauter la cathédrale dont la reconstruction fut décidée dès le début des années cinquante.* »

Construction, destruction et reconstruction des églises obéiraient donc à des logiques très diverses…

Les bâtiments d'exposition sont tout au bout. Les tableaux de Valéry occupent trois salles. Quelque soixante années de travail ! Il avait quinze ans quand il a fait les premiers dessins présentés ici.

Émouvant de voir comment l'énergie peu à peu gagne la toile, comment bouge la lumière, comment s'animent les foules du bazar ouszbek qui n'ont rien à voir avec celles du Caire, pétries de soleil et de nuit, mêlées dans une violence invisible à chacun. Et les portraits : Pif le chien, le vieux voisin, la reine Méroé, lointaine ancêtre de notre Claire, avons-nous décidé ! D'un geste sûr, bien que déjà voilé, la reine Méroé assure et affirme la « Transmission »… Et les autoportraits. Trois autoportraits, en un seul cadre, disent le portrait du portrait. Le visage émerge, extrait de son fond, mais ce portrait-là est-il plus « achevé » que les deux autres encore pris dans leur substrat ?

Les chameaux, sur le vieux pont de pierre, traversent à jamais, sans retour… Valéry me dira le soir que, effectivement, il ne les a jamais vus lui-même, les chameaux, sur ce pont-là. Mais « avant » ils y passaient nombreux, et c'est bien leur disparition qu'il a mise sur la toile. Le toréador a la nerveuse et juste rapidité d'un idéogramme chinois, et, et… J'aime cette peinture qui n'a d'autre ambition que de capter, un instant, la vie. Et qui peut prendre le risque de la rater platement, et qui s'en fout.

Vendredi 5 décembre

Grand colloque sur *L'Histoire du stalinisme*, rencontre initiée par l'association *Mémorial* dont l'un des objectifs est de redonner un nom à toutes les victimes des répressions staliniennes. Plusieurs institutions et universités sont co-organisatrices. Mon niveau de russe n'est pas à la hauteur de l'événement… J'y serai donc surtout spectatrice.

Le grand hôtel *Renaissance* où a lieu le colloque est magnifiquement anonyme, au point d'avoir, lui aussi, un rouge Père Noël qui repte sur le balcon intérieur. Au rez-de-chaussée, le vestiaire, et, face au vestiaire, l'entrée du restaurant chic. Près des portes deux filles magnifiques à la nudité finement recouverte de fleurs sur-brodées de dentelles, accueillent. Sur une table, près de l'entrée, des coupes de champagne pleines, montées en savante pyramide. Et, pour public, des jeunes, 20 à 35 ans, habillés cuir-fourrures, et déshabillés-soie.

Au 3ᵉ étage, le colloque. Des chercheurs du monde entier ; journalistes et caméras. (Venus d'où, pour qui ? Je ne sais.) J'en comprendrai assez pour entendre notre Académicienne affirmer : « *Les intellectuels français ont longtemps été tentés par le stalinisme.* » Flottement de sens inattendu de la part d'une Académicienne…

Socialisme, communisme, marxisme, soviétisme et stalinisme, ne sont pas des synonymes. Le terme de « stalinisme » a aujourd'hui un sens très précis désignant un ensemble de pratiques politiques imposant terreur, répression, élimination physique des adversaires, etc. Je plains un peu les « intellectuels français » d'être suspectés d'avoir applaudi à ces pratiques-là. (Quels qu'aient pu être par ailleurs leurs aveuglements…)

Je suis en fait attristée. Beaucoup de malentendus entre nos amis de l'Est et nous n'ont pas d'autre origine que le minage des champs sémantiques des termes du politique. Termes qui explosent à la face des uns alors qu'ils sont outils efficients maniés par d'autres. Même le mot « démocratie », m'expliquait Vadim l'année passée, est piégé ! Ne parlons pas de « socialisme » ! Il faudrait réinventer un vocabulaire du politique. Mais écoutons la suite...

Une initiative défendue avec cœur par Arsène Roguinski, le président de *Mémorial* : apposer des plaques commémoratives sur les lieux et bâtiments où ont travaillé et où sont morts les millions de déportés de l'ère stalinienne. C'est ce qu'ont fait les cheminots d'une gare dont je ne distingue pas le nom. On compte aujourd'hui en Russie quelque 700 monuments élevés à la mémoire des victimes du stalinisme. Mais cela ne suffit pas, il faut qu'apparaissent leurs noms. Tous les noms !

Comment réintroduire dans la représentation collective la « réalité » de l'Histoire ? Difficile question... *Mémorial* s'y emploie, du moins pour ce qui est de donner place, dans l'histoire commune, à ce qu'ont été les répressions, déportations, exterminations. De 1929 à 1953, 19 millions de personnes dans les camps. Depuis 5 ans, l'Association organise à Perm des séminaires d'été pour les professeurs d'histoire où sont présentés et expliqués les documents qui rendent compte de tout cela. Non, Staline n'a pas seulement été « le manager efficace » présenté dans les manuels scolaires... À ces rencontres viennent aussi des jeunes qui participent à la remise en état des baraquements des camps situés près de la ville de Perm.

Intéressant : le gouverneur de la Région apporte à ce projet son soutien financier.

Je n'assisterai qu'à cette première après-midi, les deux journées suivantes étant consacrées à des ateliers où je n'ai pas ma place. Mais Nicolas nous dira que le ministre de l'Éducation, venu le dernier jour, est reparti sous les huées. Les récents manuels scolaires d'histoire ne portent trace ni des famines ni des déportations, ni de ce qu'à été la répression stalinienne. Staline y est celui qui a fait passer la Russie d'un pays de paysans pauvres à un pays industriel puissant, et c'est, bien sûr, le généralissime grâce auquel l'U.R.S.S. a gagné la seconde guerre mondiale. Il mérite donc honneur et respect. Dans les librairies où je passerai les jours suivants je verrai des dizaines de livres à lui consacrés.

Question : Pourquoi Staline ? Pourquoi Staline, à nouveau ?

J'ai le souvenir que dans son livre *Nous et l'Occident* Zinoviev essayait une explication...

Effectivement, p. 167 (Gallimard, « Idées ») :

— « *Jusqu'à sa mort, en 1969, ma mère conserva dans son Évangile un portrait de Staline. Elle a vécu toutes les horreurs de la collectivisation, de la guerre, et des années d'après guerre (...) et malgré tout cela elle a conservé un portrait de Staline. Pourquoi ? La réponse à cette question donne la clé qui permet de comprendre ce que fut le stalinisme. En dépit de toutes ses horreurs, le stalinisme fut un authentique pouvoir du peuple... Staline, et non Lénine, fut un chef populaire car Lénine manquait de ces traits abominables qu'on attribue à Staline (...)*

Avant la collectivisation notre famille vivait correctement, mais à quel prix ? Et quelles perspectives s'offraient à ses enfants ? À ses onze enfants ? Devenir paysans, artisans dans les meilleurs des cas. Et puis il y eut la collectivisation, la ruine des campagnes, la fuite des populations vers les villes. Résultat : dans notre famille l'un est devenu professeur, un autre directeur d'usine, un autre colonel, trois ingénieurs. Des millions de familles connurent des situations semblables.

Le pays à cette époque connut une promotion sociale sans précédent. Des millions de personnes quittèrent les couches inférieures de la société pour devenir ingénieurs, instituteurs, médecins, acteurs, officiers, chercheurs, écrivains. Peu importe de savoir si la Russie aurait connu un phénomène similaire sans le stalinisme. Pour les acteurs pris dans ce processus, les choses se sont passées au cours du stalinisme et, leur semblait-il, grâce à lui. Il faut compter aussi avec les illusions et non seulement avec les réussites

réelles de certaines catégories (...) On espérait une amélioration des conditions de vie et des rapports humains... »
Le XXᵉ siècle russe : le passage en force d'une société paysanne arriérée à une société urbaine ? Une lecture à « mettre en mémoire » pour la « mettre en dialogue » avec d'autres lectures...
Le soir aux infos, en boucle sur toutes les chaînes : « *Le Patriarche est mort ! Le Patriarche est mort ! Le Patriarche est mort !* »

Samedi 6 décembre

Radio Svoboda annonce que le local de *Mémorial* a été saccagé à Petersburg. Qui ? Les victimes elles-mêmes sont perplexes : les bandes facho d'extrême droite, si présentes à Petersburg ? les « Services » soucieux d'enquêter au plus près ? Difficile de ne pas mettre cet acte en rapport avec le colloque !
On saura quelques jours plus tard qu'il s'agissait bien des « Services » qui, pour saisir papiers, documents et ordinateurs, étaient entrés dans les locaux, masqués et armés de kalachnikov... Commandités par qui ? Difficile à savoir me disent les uns et les autres.

Mais, aujourd'hui, c'est l'anniversaire de Claire. On a déjà commandé les pâtés, les voisines du 8ᵉ étage ont pris en charge la « salade russe », le neveu a fait les courses en voiture au magasin Metro, et j'ai acheté au Ramstore les sept paquets de mayonnaise manquants. On coupe, tranche, pétrit, arrose... Il y aura cinq salades, quatre pâtés en croûte chauds, deux saumons, des raviers de harengs, un bac de crevettes, quatre gâteaux (un aux noix, un aux fruits rouges, un à la crème, un à la pâte d'amande) et quantités de bols, coupes et ramequins, emplis de noisettes, olives, tomatinettes, et autres cracouniettes... Pour la première fois dans l'histoire des anniversaires, il y aura des assiettes en carton dont j'ai passionnément assuré la promotion.

La première personne qui se présente, à 10 h du matin, est une dame russe de Transnistrie.

— « *Persécutée en Moldavie, parce que Russe, elle a trouvé refuge chez ma voisine de 98 ans, ancienne professeur de latin et de grec, une des dernières élèves de l'IFLI, la fameuse école supérieure du Moscou d'avant-guerre.* »

Elle apporte à Claire une carte d'anniversaire à l'intérieur de laquelle la lettre est écrite en latin.

— « *Ma voisine a en tête tous les auteurs grecs et latins, elle y voit très mal, elle ne peut plus lire, mais, tous les jours, elle récite pour elle seule, à haute voix, des passages de ses auteurs préférés. Quand je vais la voir elle me dit le Manuel d'Épictète, elle pleure, et je pleure avec elle...* »

J'ai compté : 50 appels téléphoniques, 60 personnes qui ont transité dans l'appartement de 45 m^2, 21 bouquets, 78 roses. Absolue démesure, réelle folie... Magiquement transmuées en complicité et bonheur partagés. Léonid est venu avec sa guitare et on a chanté, en français, en russe jusqu'à très tard dans la nuit.

Dimanche 7 décembre

On dort, on range, on parle. Les amis, les fleurs, tant de fleurs !
Il fait nuit à 4 h, on reste à regarder la télé.
En vrac :

— « L'opposition géorgienne à Saakashvili prend de l'ampleur. »

Valéry :

— « *Pendant la guerre avec la Géorgie, trois avions russes ont été détruits. Les Géorgiens avaient des missiles, fournis par les Américains, beaucoup plus sophistiqués que ne le pensaient nos militaires. L'armée russe est finalement entrée en Géorgie et a vidé* tous les entrepôts d'armement. À la fin des hostilités, Bush a appelé le Kremlin pour demander que ce matériel soit restitué. Ça a fait rigoler toute la Russie qui s'est retrouvée unanime derrière son gouvernement... Vive l'Ossétie du Sud ! » (rires).

— « En Lithuanie, on a construit pour les touristes un parcours où chacun peut faire l'expérience de ce que vivaient les Lithuaniens à l'époque soviétique : souterrains, prisons, bastonnades (allégées pour les touristes), magasins vides, appartements surveillés, etc. »

Les amis présents se marrent :

— « Quand on pense qu'à l'époque (dès la fin des années cinquante) on faisait tout pour aller là-bas en vacances ! Pour nous, les Pays baltes, c'était l'Ouest, l'abondance et la tranquillité de l'Ouest ! En fait, ce que ne comprennent pas nos voisins des anciennes Républiques amies, c'est que ceux qui en ont le plus souffert de toute cette Histoire merdique, ce sont nous, les Russes ! Nos peuples devraient enfin être solidaires ! J'ai été impressionné et ému quand, après la première projection du film de Wajda Katyn, à Moscou en octobre, toute la salle s'est spontanément levée et a observé une minute de silence ! »

— Au bas de l'écran passent en continu les valeurs des bourses du monde entier, les valeurs russes sont, jour après jour, en rouge, côtées à la baisse. Depuis le début de la crise, la bourse russe a perdu 70 % de sa valeur.

— « La crise ? Bon, nous, les Russes, nous aurons eu de petites vacances... Et puis on va reprendre comme avant... Mais, avant, on avait une sécurité minimale assurée, maintenant, si le chômage explose, on ne sait pas trop ce qui va se passer... Il y a en Russie quelque 700 villes où 70 % de la population dépendent d'une seule entreprise. Si elle ferme... »

— Poutine annonce un plan d'aide de 10 à 15 milliards de roubles alloués au soutien du marché du travail.

— « Très bien ! Mais quels moyens ont-ils de contrôler ce que deviennent ces milliards ? La corruption est immaîtrisable ! (Il faudrait même inventer un autre mot, quelque chose qui ait à voir avec le changement du cours des grands fleuves qui quittent leur lit, tels l'Ob ou l'Ienisseï...) Même les institutions ne suivent aucune des règles imposées. Et le petit Poutine, il n'y peut pas grand-chose ! On lisait récemment dans la presse que le pouvoir a donné aux banques l'équivalent de 200 milliards de roubles pour les aider à financer des crédits, mais qu'ont fait les banques ? Elles ont acheté des dollars ! » (rires).

Poutine, on le voit tous les soirs, et Medvedev presque autant.

— « Ils se sont réparti le boulot : Poutine à l'intérieur, et l'autre, à l'extérieur. Il voyage. C'est bien... » (rires).

Lundi 8 décembre

Repos.

Je navigue dans les journaux et les livres de la maison.

Sur *Le Courrier de Russie*, daté du 19 août 2008, une photo de Gorbatchev décoré par le Père Bush de la médaille présidentielle de la liberté. Honneur accompagné d'un chèque de 100 000 dollars. Autre photo montrant Gorbatchev dans une berline de luxe avec, à ses côtés, un grand sac Vuitton. La berline est arrêtée devant les restes tagués du mur de Berlin. Pub Vuitton ?

Appel de Katia. Claire commente :

— « *Elle était mariée à un riche banquier qu'elle a quitté pour un riche Italien. Elle est maintenant traductrice à la Patriarchie. Une dévote qui jeûne et fait carême ! (Il y en a plein comme ça !) Elle est surtout devenue l'égérie de la Patriarchie ! Elle a été intégrée dans un groupe de prêtres qui ont pour mission de faire passer sous le contrôle de l'Église russe les églises orthodoxes qui existent à l'étranger. Récemment, elle était en Italie où leur mission a obtenu* '*l'intégration*' de l'église Saint-Nicolas-de-Bari. *Tous les dons qui y sont faits (et ils sont nombreux) nous reviennent maintenant. Nous ? la Mafia orthodoxe russe, pardi !* La prochaine cible c'est la grande église de Saint-Nicolas de Nice. Et ils l'auront ! » *(rires)*.

À la télé passent et repassent, sur fond de splendides chœurs de voix graves, les interminables files qui, depuis trois jours et trois nuits, défilent en silence et en larmes devant la dépouille du Patriarche déposée dans la cathédrale Saint-Sauveur.

Mardi 9 décembre

Funérailles du Patriarche Alexis II, que je suivrai sans discontinuer à la télé de 9 h du matin à 3 h de l'après-midi.

La cathédrale du Saint-Sauveur où, l'année passée, ont eu lieu les obsèques de Eltsine et de Rostropovitch. Aujourd'hui, il y a nettement quelques degrés de plus dans le grandiose.

Caméras sur le clergé, sur des dizaines et des dizaines de popes de tous âges alignés sur plusieurs rangs autour du cercueil ouvert. (Mais le visage du patriarche défunt est toujours voilé). Capes brodées rehaussées de perles, fourrures, lourdes médailles, pierres précieuses, croix scintillantes, bagues, toques surbrodées, ors et vermeils, soies et satins... Fastueux ! Mais on sait tout cela.

Caméras sur le public. Tout le gouvernement est présent. Poutine et Medvedev au premier rang, bougie en main. Leurs épouses, capeline noire, voile noir, bougies.

Chœurs magnifiques, voix magnifiques, et ça dure et c'est sans fin. On se signe, se re-signe. Gros plans sur Poutine et Medvedev à chaque signe de croix.

Présence des Patriarches de toutes les églises orthodoxes. En particulier de Bartolomé, le Patriarche de Byzance, qui garde une autorité symbolique sur toutes les églises orthodoxes. Délégation de toutes, absolument toutes les églises de toute l'Europe. Funérailles nationales, quasiment. (Elles n'en ont pas eu le titre).

Sept lectures d'évangiles, toutes portant sur la résurrection.

L'attention soudain mobilisée quand le Métropolite Cyril de Smolensk prend la parole. Une voix de militant, une voix nette et dure. « *Peut-être, mais il parle mieux que Poutine et Medvedev réunis !* » Il rappelle tout ce qui a été fait ces vingt dernières années dans l'Église orthodoxe, les centaines d'églises restaurées, les centaines de monastères reconstruits, les centaines d'institutions créées. Et il reste encore tant à faire !

— « *Sans Dieu et sans sa loi il ne peut y avoir de droit humain.* »

Mercredi 10 décembre

Entre Véra qu'on pousse à la cuisine avec pâtés de choux, harengs à la crème et fromage blanc.

— « *Cyril est un de ceux qui peuvent succéder au Patriarche Alexis. C'est un politique, un entreprenant. C'est lui qu'on a longtemps appelé le 'Métropolite cigarettes'. Il avait obtenu pour l'Église le contrôle des cigarettes et des alcools importés de l'étranger. Autrement dit, c'est l'Église qui avait la haute main sur ces importations et en bénéficiait. Il semblerait que cette activité ait pris fin, remplacée par d'autres plus rentables. L'Église orthodoxe est aujourd'hui très, très riche. Elle a ses hommes d'affaires, elle a ses banques, etc. Et beaucoup moins de fidèles dans les églises qu'on ne le dit !*

Cyril est plutôt progressiste, favorable à un dialogue avec les autres églises et pour un service religieux en russe et non en slavon que personne ne comprend. Il a accueilli des groupes rocks dans son église, etc. Mais ça, ça ne plaît pas du tout aux traditionnalistes qui, semble-t-il, sont les plus nombreux. Son avantage, c'est qu'il est bien vu 'là haut'…

Il a accompagné Medvedev dans sa tournée en Amérique latine et il a inauguré l'église de la vierge de Kazan construite par les

Cubains dans la vieille ville de La Havane. Y ont été solennellement déposées trois icônes : la vierge de Kazan, Alexandre Nevski et Alexandra Fedorovna Romanova. (Oui, toute la famille du tsar a été béatifiée.) ' Il est très touchant que le peuple cubain ait lui-même construit cette église, a-t-il déclaré, c'est un cas unique au monde et nous ne l'oublierons pas. ' Il a ensuite décoré Raul et Fidel Castro de l'Ordre du Mérite de l'Église orthodoxe. »

Double dose de vodka.

Arrivent Elsa et Nicolas, qu'on pousse à la cuisine avec pâtés de choux, harengs à la crème et tarama.

Et, re-vodka.

Est-ce cette dernière dose qui a emporté Valéry dans une vraie colère contre nous tous, les Parisiens ? Et, en particulier contre Elsa, son élève tant aimée, Elsa qui ne comprend plus rien à la peinture ! Nous parlons de Staline, du Patriarche, de la crise ! Choses qui n'ont absolument aucun intérêt ! Elsa est même allée voir l'expo Turner au musée Pouchkine, alors qu'elle pourrait tout aussi bien la voir à Londres ! Et nous ne sommes allés qu'une fois à l'expo de l'École Volkov ! Et nous n'avons fait aucun commentaire sur l'expo d'Istra : « Vous ne comprenez rien ! La peinture reste, le reste passe. »

Mais la colère ne passe pas, elle durera plusieurs jours pendant lesquels Valéry restera couché dans sa chambre, les couvertures remontées jusqu'au calot ouszbek...

Jeudi 11 décembre

Rendez-vous avec Elsa au *Centre d'art contemporain* où se tient l'expo Pirosmani. Nous voudrions voir ce qu'il en est du reste, voir ce qu'est aujourd'hui « l'Art moderne » à Moscou.

Première galerie : expo de photos. Des couples, des familles, des visages désertés, des « choses » accolées... Sinistre ! Plus loin un magasin de vêtements ultra chics, ensuite, l'installation en cours d'un intérieur design. Entre deux bâtiments, des parois de préfabriqués, prélevées dans diverses casernes, couvertes de tags en anglais. Une autre galerie de photos et de tableaux : femmes enchaînées, femmes nues assises sur une table recouverte d'une large nappe. Entre les plis lourds qui retombent au sol un sexe d'homme affaissé. Visages grimaçants. Et couvrant le tout, la voix d'Edith Piaf : « *Non, rien de rien, non, je ne regrette rien...* » Fuir !

Tout à côté un restaurant où de vieux messieurs sont servis par de sveltes serveuses aux bras nus. Et un atelier de peinture pour jeunes enfants. Nous irons quand même revoir Pirosmani. Comment peut-il rester ici ?

C'est un soulagement de se retrouver dans le métro où, à la station *Téatralnaïa*, nous regardons soudain avec un réel plaisir les statues de bronze repliées sur elles-mêmes sous les voûtes. Quatre rangées de statues : contre la paroi des quais et contre les parois de l'allée centrale, les mêmes, au même niveau. Les plis des robes, les bras tendus, les mains puissantes, les dos musclés ! Des corps projetés dans le geste qui les habite tout entier. Les années cinquante ! *(Vous avez tort, c'est beau !)* Un homme, un Moscovite, examine lui aussi, attentivement, les statues, l'une après l'autre, devant, derrière, et il sourit. *(Ils avaient du métier !)* La foule suit son cours. absente ; mais des mains, en passant, caressent furtivement le nez du chien, la crête du coq, la sandale de paille tressée du paysan-soldat, le drapeau replié dans la main du marin, le canon du pistolet. Dans chaque rangée les caresses vont aux mêmes mascottes. Le bronze doré en a retrouvé tout son éclat, et de petites flaques de lumière ponctuent les longues rangées brun gris. Des porte-bonheur...

Près du Métropole, des cafés-bars, nouvelles constructions en bois. Nous entrons sans trop réfléchir. Quatre ou cinq personnes, pas plus. Une aubaine ! Un thé, un gâteau, et le plaisir de s'attarder là une heure, à bavarder. Nous comprendrons avec l'addition le secret du calme des lieux. 1 000 roubles... [40 euros.]

Avec Nicolas, retrouvé devant le Métropole, nous remontons l'avenue Tverskaïa que je ne peux débaptiser. Ma rue Gorki ! Une immense banderole *Sonia Rykiel* traverse d'un trottoir à l'autre, à l'endroit même où, à Pâques, l'année passée, se déployait (même longueur, même format) la banderole *Christ ressuscité* ! Concentration de tous les noms des grandes marques européennes, encombrement des 4/4 dont le capot nous arrive au menton, etc.

Dans le métro qui me ramène à la Base, je suis prise d'une quinte de toux (persistante trachéite). Sans un mot, une femme assise en face de moi sort de son sac un petit sachet de pastilles et me le tend. C'est la deuxième fois que ce geste est fait vers moi dans « l'intimité » du wagon du métro.

Vendredi 12 décembre

La place Rouge où je ne suis pas encore allée. La place Rouge, haut lieu d'exhibition symbolique s'il en est...
Sur la place, une patinoire, et, sur un de ses côtés, une *Chocolatnitsa*. De là, je domine et la piste et toute la place. Au-dessus de la patinoire intensément éclairée les guirlandes électriques multicolores se balancent. La Basilique Saint-Basile me fait face. Vue d'ici elle est prise dans ces guirlandes de fête qui la zigzaguent en tous sens et qui en font, plus encore qu'à l'habitude, un grand jouet innocent.

Il fait déjà nuit, le *GUM* vient de s'éclairer. Des centaines de grosses ampoules jaunes suivent exactement les lignes qui modulent la façade architecturée. Se dessinent ainsi sur le ciel les contours lumineux d'un immense mécano pour enfants. Au-dessus de chaque entrée du *GUM* brille une icône illuminée par de discrets projecteurs. Pour se réchauffer un peu, les services de sécurité qui surveillent les entrées du Grand Magasin se balancent d'un côté sur l'autre. À ma droite, le mausolée de Lénine, masse indistincte, prise dans l'ombre brune des murs du Kremlin. Ni gardes, ni fleurs, ni rien. Désert, anodin. Dans l'axe de mon regard le dossard d'un des gardiens de la patinoire portant l'inscription *Security* se superpose à l'inscription *LENIN* du mausolée. Dans les haut parleurs des chansons russes et américaines.

Je suis ici dans un sympathique Disneyland...

Samedi 13 décembre

Il faut que j'y revienne.

Il fait froid. Étals de Noël dans les baraques de bois qui longent la place. Les poupées gigognes se sont diversifiées. Il y a des Patriarches gigognes, des Poutine gigognes des Medvedev gigognes. « *L'un dans l'autre ?* » Ont demandé les copains qui jamais, au grand jamais, ne viennent sur la place Rouge... Et puis des hommes politiques connus, dont le nôtre.

Près des porches de la porte *Voskressenskie*, la porte de la Résurrection, reconstruite en 1995, sous lesquels il faut maintenant passer pour accéder à la place, deux petits vieux. L'un déguisé en Lénine (casquette et drapeau rouge), l'autre en Staline (pipe et moustache). Ils se font prendre en photo avec des touristes qui ne sont pas tous des étrangers. Un peu plus loin, un sosie de Poutine hèle le passant, mêmes gestes, même démarche. Il est moins sollicité que les deux autres.

Samedi, jour des mariages. Plusieurs jeunes couples grelottants viennent se faire photographier près de la statue équestre de Joukov. Mais c'est de l'autre côté de la place du Manège, au tout début de *l'Alexanderski Sad*, près de la tombe du Soldat inconnu, que se dirigent les jeunes mariés. De part et d'autre de la longue dalle qui recouvre la tombe, deux guérites de verre où de jeunes soldats montent la garde. Quand les mariés s'approchent, l'un d'eux vient défaire la chaîne et, lentement, le couple va déposer son bouquet d'œillets rouges. Ils s'immobilisent un moment, silencieux, le temps de plusieurs photos. Aujourd'hui, sur la longue dalle, des centaines d'œillets sur près de vingt centimètres d'épaisseur.

Nous le disions déjà autrefois, le mythe fondateur de l'Union Soviétique c'était la seconde guerre mondiale, la Grande Guerre patriotique, bien plus que la Révolution. Et celui qui a remporté cette guerre, c'est le peuple russe sous le commandement de Staline. l'Histoire peut-elle prendre raison sur le mythe ? Les historiens peuvent aujourd'hui prouver que cette guerre a été, dans les faits, gagnée malgré Staline, contre Staline même ! Mais, dans l'état actuel de sauvage désorganisation des représentations collectives, est-il possible de « réécrire » le rôle et la place de Staline dans le « roman national » de la Grande Guerre patriotique sans prendre le risque de défaire tout ce qui reste dans le pays de « roman national », donc de cohésion nationale ? Question risquée, très risquée... Me vient à l'esprit l'image de ces vieux édifices ruinés mais dans lesquels on distingue encore la sûreté d'une architecture savante. Enlevez une seule poutre et tout s'écroule en un tas informe...

Heureusement, il y a l'Église ! L'Église qui sera toujours avec le pouvoir, quel qu'il soit et quoi qu'il arrive, pour défendre la Sainte Russie, la Grande Russie, des risques de *raspad*, « démembrement », que portent les forces centrifuges qui la travaillent. *Raspad*, qu'au détour d'une conversation, les uns et les autres mentionnent aujourd'hui. Discrètement... (Topos à la mode dans la conversation moscovite ? Image figurative de cette grande incertitude sur l'avenir présente chez la plupart de ceux que je rencontre ?)

L'Église, ciment de l'unité nationale. Cela vaut bien une messe. D'autant que l'Église orthodoxe va bien au-delà des frontières nationales. Ce qui justifie amplement quelques redondances dans le croisement des signes...

Dimanche 14 décembre

Promenade dans la ville avec Katia qui connaît si bien Moscou. Elle s'indigne : les grilles en fer forgé de *l'Alexanderski sad* ont été enlevées et remplacées par des balustrades dodues de faux marbres. Près de l'entrée du Kremlin, des Chinoises se font photographier devant l'énorme Père Noël de carton pâte coiffé de la couronne impériale et revêtu du manteau du tsar. Nous marchons jusqu'à la cathédrale Saint-Sauveur. Il a plu et l'humidité suit le contour des blocs de la construction, assombrit la jointure des plaques dorées de la coupole. Ça pourrait mal vieillir, cette histoire... Des gens font encore la queue pour pénétrer dans la cathédrale et se recueillir sur le lieu où, quelques jours auparavant, était déposée la dépouille du Patriarche. La visite sera donc pour une autre fois.

Nous contournons la cathédrale et prenons la passerelle qui, partant du centre même de la terrasse qui entoure l'édifice, enjambe la *Moskova* jusqu'à l'île. Nous y sommes absolument seules.

Katia :

— « *Construction somptuaire, glorification de la cathédrale... Aucune utilité puisque cette passerelle échoue sur l'île ! Même si, après un crochet, on peut reprendre un autre pont pour passer de l'autre côté !* »

Mais la vue est magnifique. La ville illuminée s'étend loin le long du fleuve, paisible en ce soir de décembre. La cloche de Saint-Sauveur, sourde et lente, sonne la messe de 17 h, d'autres cloches suivent. Nous traversons. Quelques rues peu passantes, et nous voilà aux abords du grand « Parc artistique » qui entoure la Nouvelle Galerie Trétiakov. Nous entrons dans la petite église Saint-Nicolas. Chaleur, senteurs, cierges tremblotants, douceur des lumignons rouges... Personne. Un officiant, jeune, s'avance devant l'iconostase et se met chanter. Bienfaisante plénitude de cette voix grave. Une voix, plus grave encore, répond, derrière les icônes. Très beau.
Personne.

Katia :
— « C'est souvent comme ça, beaucoup d'églises sont la plupart du temps vides. »

Un peu plus loin, la première maison habitée à Moscou par Trétiakov. Un rez-de-chaussée construit, un étage en bois. Maison délaissée, déjà gagnée par la végétation. Pourquoi ?
— « Encore un témoignage de l'histoire qui s'efface ! 'Ils' s'en foutent ! L'histoire partout s'efface. On l'efface, on la transforme, on ressuscite, on déplace, on remplace, on annule, on invente, on bricole avec ça ou ça ! Quand je pense que Sakharov avait tenu à conserver le prix Staline qui lui avait été attribué, tout simplement parce que cela avait été ! On est bien loin de cet esprit-là !
La seule anecdote un peu drôle qui circule aujourd'hui : Chez nous, en Russie, le passé est absolument imprévisible ! »

Il n'est que 17 h, mais il fait nuit. La gardienne du parc nous regarde, nous sourit et nous laisse entrer sans payer. Personne. Nous errons entre des centaines de statues à peine éclairées : peintres, écrivains, savants, musiciens, les grands noms des deux derniers siècles. Tout à côté, le fleuve... Et nous arrivons au square consacré aux Grands Dirigeants. Ont été rassemblées là des statues déboulonnées il y a une vingtaine d'années. Lénine, Staline, Sverdlov, Dzerjinski, Brejnev et d'autres... Magnifique, le Sverdlov de 33 ans ! Ça et là des œillets rouges, nombreux près de Staline. Sur le socle de l'immense statue de Dzerjinski, qui pendant si longtemps a occupé le centre de la place de la *Loubianka*, quelques œillets et ce graffiti : « *Excuse-nous, nous n'avons pas pu te protéger.* »

Entre ces statues, ça et là, des visages encagés derrière des grilles, contraints dans des cadres de bois : les victimes des répressions.

Personne.

Katia :

— « *Tout ce parc est en sursis. La femme de Loujkov, le maire de la ville, a acheté ce terrain (y compris la Nouvelle Galerie Trétiakov). Elle avait l'intention d'y faire un Centre de grand luxe. Un architecte (américain, me semble-t-il), a fait les plans d'une immense construction en forme d'orange ouverte en quartiers, qui aurait abrité centres commerciaux, magasins, hôtels de luxe, galeries d'art et peut-être même la Trétiakov ! Mais est arrivée la crise. On dit que Mme Loujkov a revendu les plans dans je ne sais quel pays... Slava Bogou !* »

La galerie Trétiakov est largement ouverte. Tous les étages sont occupés par une immense exposition de tableaux proposés à la vente avant Noël. La foule. Tableaux provenant des fonds de la galerie (Il faut bien trouver des ressources), mais aussi de galeristes privés. Nous faisons tous les étages, tous les tableaux. Seuls résistent les tableaux et dessins des années 30-40-50.

Comment expliquer pourquoi un tableau est loupé ?

Je téléphone le soir à Véra qui, avec son brassard protecteur de journaliste, est allée à la manif des démocrates. Alors ?

— « *Il y avait plus de journalistes et de miliciens que de manifestants, 2 ou 300. Ça a tabassé, il y a eu des arrestations.* » Elle me dira le lendemain que tous les gens mis en garde à vue ont été relâchés, ce que confirmera *Radio Svoboda*. Impossible d'obtenir quelque commentaire que ce soit, de qui que ce soit, sur ces sporadiques manifs de « démocrates et autres opposants ». Seulement un soupir de grand accablement !

Lundi 15 décembre

Rencontre avec Alexis, mon ancien collègue de l'Institut, qui, à 80 ans, continue à enseigner. Alexis parle magnifiquement le français, sans le moindre accent.

— « *Nous avions de si bons profs à Petersburg !* »

Ses premiers mots sont sur ses élèves, sur son bonheur d'être avec ses élèves, sur les astuces qu'il invente pour améliorer leur prononciation ! Et il rit !

— « *Vous comprenez, je ne supporte pas qu'on parle mal le français ! Cela me fait mal ! Un jour où je faisais une conférence sur Vigny, j'ai commencé par ces mots : Cette conférence..., et j'ai mouillé le f ! Tout le monde a entendu cette conférence. J'en ai été si honteux ! Pendant plusieurs jours j'ai fait à haute voix des exercices dans la rue : farine, fenêtre, affaire, affreux, girafe... Les gens se retournaient sur moi, surpris, mais cela m'importait peu ! Je faisais mes gammes, comme Rachmaninov faisait les siennes.* »

Nous entrons dans la cathédrale Saint-Sauveur. Alexis est croyant et heureux de me conduire en ce lieu, de m'expliquer l'iconostase, les rites. L'architecture, refaite à l'identique, est belle. Quant au reste, tout est flamboyant neuf ! Les icônes ont cet air plastifié des parfaites copies chinoises... Tout a été reconstitué. L'église, à l'époque édifiée pour remercier « le Sauveur » d'avoir aidé la Russie à vaincre les armées napoléoniennes, porte sur ses murs le nom de toutes les batailles de la Troisième Grande Coalition. Émouvant de voir écrit en cyrillique *Château Thierry, Champeauvert, Soissons...* Les noms de tous les corps d'armées, de tous les capitaines, commandants, généraux, sont gravés sur des murs et des murs. Alexis explique :

— « *Cette victoire sur les armées napoléoniennes reste dans les esprits comme une grande victoire sur l'envahisseur, sur les armées révolutionnaires, et d'une certaine façon, comme une victoire sur la révolution...* »

Dans la *Chocolatnitsa* où nous asseyons, Alexis me dit des contes lithuaniens. En lithuanien, d'abord :

— « *Il faut les entendre en lithuanien, bien sûr vous ne les comprenez pas, mais vous entendez la musique et vous comprenez déjà !* »

Et en français ensuite. Des contes qui disent le courage du petit peuple, le respect de la vie...

Alexis est né en Lithuanie, à Kaunas, où, à la fin du XIXe siècle, son grand-père était directeur du gymnasium.

Mardi 16 décembre

Rendez-vous avec Sonia au musée Pouchkine où se tient l'exposition Turner. « *L'expo la plus coûteuse de l'histoire du musée* », a précisé la directrice adjointe du musée lors de l'inauguration. On apprendra vite que l'exposition a été financée par Alisher Ousmanov, oligarque ouszbek, et milliardaire à ses heures.

Beaucoup de monde, des classes entières, des groupes, et ces vieilles dames de 80 ans et plus (jupes à volants, chaussures de cuir tressé, écharpes colorées, queue de cheval nouée d'un ruban de velours noir, colliers de perles de bois...) qui commentent entre elles, expliquent, et prennent des notes.

Turner.
Nous apprécions.

Sonia me ramène chez elle, à l'autre bout de la ville, et elle raconte : sa sœur, ses amis, ses enfants, ses voisins, l'hôpital où depuis des mois elle va régulièrement assister un vieux parent :
— « *Tu ne peux pas imaginer la misère, là-dedans ! Tout geste d'un soignant doit être payé. Immédiatement. Les hôpitaux sont tous dans un état épouvantable. Et tant de gens ont si peu d'argent pour vivre ! 3 000, 4 000 roubles par mois [120-160 euros] ! La pauvreté n'est pas visible au centre de Moscou, mais elle est là, et partout. Les gens ne se montrent pas ; en fait ils ont honte d'être vus pauvres !*
Je ne sais pas où on va, je suis très pessimiste ! À Moscou on ne peut pas voir l'état du pays. Il nous est très difficile, à nous-mêmes, les Moscovites, de nous en faire une idée juste. Je lisais ce matin qu'il y aurait près de 5 millions d'enfants aujourd'hui abandonnés dans les rues en Russie ! 5 millions ! Il y en avait 7 millions au début des années Vingt après la guerre, pour lesquels ont été construits orphelinats et centres d'éducation. Rien de tel aujourd'hui ! Évidemment, l'Église ne fait rien, si ce n'est susciter et soutenir les mouvements anti-avortement !
C'est à chacun de trouver comment survivre là-dedans ! Moi je ne peux commencer la journée qu'après une heure ou deux de lecture. Avant toute chose, lire. Je reste dans mon lit et je lis... J'ai besoin d'installer dans ma tête un autre monde, pas forcément La Riviera, loin de là ! Tout simplement un monde autre... » (rire).

Sonia sort les albums de la famille, la maison d'Argenteuil, ses copines de lycée, le chien que son père a été si malheureux de laisser... Sonia fait partie de ma base « française » de Moscou, de ceux qui avaient entre quinze et vingt ans quand, après la seconde guerre mondiale, ils sont arrivés en U.R.S.S. avec leurs parents. Chacun a sa manière, ils ont tous, inscrite en eux vivante, l'histoire du XXe siècle de ce pays.

Mercredi 17 décembre

Rendez-vous avec Nathalie que j'entraîne au musée d'Histoire contemporaine récemment réorganisé.

— « *Il faut vraiment être avec une touriste pour faire ce genre de visite !* »

Plusieurs salles sont consacrées à l'histoire de Moscou. L'histoire contemporaine de Moscou commence avec la seconde guerre mondiale. Rien sur le début du XXe siècle à Moscou. Sur la moquette sont imprimées les lignes de front des armées soviétiques et hitlériennes au moment de l'attaque de Moscou. Cette carte s'étend sur un rayon de quelque 200 km autour de la ville, avec les noms des villes et des villages. Les troupes nazies ont été arrêtées à une quinzaine de kilomètres de la capitale. Nous marchons précautionneusement. Un groupes d'élèves passe d'un lieu à l'autre ; ils vont, reviennent, regardent, le nez au sol... Dans les vitrines, lettres, témoignages, journaux d'époque. Grande attention des visiteurs.

Dans une autre salle, exposition de photos où sont présentées des séries de deux clichés de Moscou juxtaposés, montrant le même lieu à 50 ans d'écart. Public nombreux, commentaires, et toujours les mêmes vieilles dames, longues et un peu voûtées, si attentives...

Dans l'autre aile du bâtiment, l'histoire du XXe siècle du pays. Six salles absolument vides ! Personne. Nous serons les seules pendant plus d'une heure à refaire le trajet de la fin du XIXe à nos jours. La famine, les répressions, sont discrètement signalées dans quelques vitrines. L'affiche fameuse de 1922 : *POMOGUI*, « Aide-moi », représentant un paysan ukrainien les mains tendues vers le ciel n'est pas très grande, mais si forte qu'elle emplit la salle. Dans une vitrine, quelques manuscrits de Soljénitsyne.

L'impression d'une juxtaposition d'images et de faits où domine la transformation volontariste, rapide et réussie, d'un pays de paysans pauvres en un pays industrialisé. À revoir avec les historiens. Pour mieux voir tout ce qui n'y est pas...

Direction l'Arbat où Nathalie a un rendez-vous à la Maison des acteurs. Émotion de me retrouver presque trente ans en arrière ! Les mêmes doubles fenêtres où, entre les deux vantaux, sont coincés des sacs de plastique ficelés sur des fromages ou des pâtés de viande. Les mêmes moquettes usées, badigeonnées de compositions florales en camaïeux marron. Les mêmes lourdes chaises de métal. À l'étage, le même bureau de bois épais où un préposé immobile nous accueille avec un mouvement incertain des épaules... La même cafétéria glauque, que nous trouvons après deux indications approximatives. Fleurs en plastique, étagères quasiment vides (quelques gâteaux secs dans leur papier), un bac réfrigéré éclairé au néon.

Le thé est chaud et les sandwiches au saumon plus épais que prévu...

En sortant, Nathalie, qui connaît parfaitement le quartier, me conduit jusqu'à la maison de Melnikov, un des grands architectes futuristes, construite entre 1928 et 1931. Une de ses dernières réalisations puisqu'il sera ensuite « critiqué » et exclu de l'association des architectes. Deux cylindres emboîtés. La maison est habitée, éclairée, et de la rue on peut percevoir les lignes animées d'un espace intérieur sans frontières.

— « *On dit que le terrain a été acheté par un promoteur et qu'elle sera bientôt détruite ! Terrible !* » *(rires).*

Jeudi 18 décembre

Je donne maintenant mes rendez-vous sur la place Rouge, lieu aussi fréquenté par les Moscovites que la tour Eiffel par les Parisiens. Et j'ai mon petit succès en leur faisant découvrir l'aménagement des lieux ! Vadim apprécie, et nous rions ensemble ; un rire à étages, qui aggrave le rire précédent...
Bavardages. Le livre de Sarnov : *Staline et les écrivains* que je dois lire absolument ! La mort programmée de Gorki, le jour même où Gide devait le rencontrer.
— « *Le pays ? Je ne sais pas, mais je suis pessimiste, je ne vois pas d'avenir... Mes étudiants ? J'en suis très content ; et je suis fier d'avoir fait moi-même cette année un cours de poésie française aux jeunes mathématiciens qui apprennent la langue pour faire en France une année d'études. On ne peut pas apprendre une langue si l'on n'entend pas la musique de la langue, si l'on n'apprend pas de poésie !* »
Il y a aussi l'Université d'été (de l'Université autonome de Moscou) qu'il organise dans un lieu de vacances où, pendant deux semaines, les meilleurs mathématiciens du moment, de renommée internationale, russes pour la plupart, mais d'autres aussi, travaillent et vivent « en communauté » avec une centaine de jeunes de 16 à 20 ans, pas plus, sélectionnés par leurs profs de maths dans tout le pays ! Balades, baignades, tennis... Il y a aussi quelques étudiants étrangers, allemands pour la plupart.
— « *L'objectif est de les conduire jusqu' au point où bute la recherche menée par chacun : 'Voilà, j'en suis là, à partir de là, mes interrogations n'ont pas de réponse. À vous d'imaginer la suite '...* »
J'ai du mal à imaginer la même chose à Paris, et même à Fontainebleau.

Le soir, longue conversation avec Valéry jusqu'à 2 h du matin. Plus exactement je l'écoute en buvant du thé... L'Histoire, toujours, la grande, et l'autre, celle de sa famille, intimement liée à la première ; ses réflexions sur le pays, sur l'art, sur la vie.

Une fois passé le premier bruitage d'une parole dissuasive (surtout destinée à le protéger des peuplades environnantes...), Valéry raconte le monde avec une lente passion. J'ai toujours eu avec lui une proche complicité. Il faut bien que nous ayons quelque chose en commun pour que, pendant des années, je l'aie écouté sans comprendre le russe !
Il me dira le lendemain : « *Je vais mieux.* »

Vendredi 19 décembre

Dans deux jours je pars. Décision collective : Je passerai ces deux jours « à la maison ». Je planque mon sac à dos derrière le fauteuil et j'arrête.
Ici, on ne se lève pas avant 11 h du matin. J'ai donc tout le temps de rêvasser sur le canapé rose... Je les entends ronfloter... Bienfaisante promiscuité... Le petit bruit ascendant du bracelet qui prend la tension, qui stoppe et s'affaisse en un soupir, premier geste de Valéry à son réveil. Il se rendort ensuite, rassuré... La lueur du matin s'accroche au grand portrait de *Claire à la Datcha*, et les lumières en sommeil autour d'elle se mettent à fourmiller...

Je rêvasse...
Mais d'où tirent-ils donc leur énergie, leur vitalité, leur rire et leur étonnante liberté intérieure, tous nos amis et les amis des amis ? D'une longue, très longue histoire de difficultés, me semble-t-il. « *On nous empêche de vivre, le climat et les distances nous sont hostiles, nous n'avons pas les moyens de vivre, ils nous interdisent de vivre ! Qu'est ce qu'il nous reste à faire ? À vivre, c'est tout !...* »
Et puis une grande discipline intérieure, jamais revendiquée mais intimement intégrée. Héritage ancestral. On ne se plaint pas, jamais, de rien. Non seulement on résiste, mais avec élégance.

— « *Tu sais, quand mon fils est mort, je voulais mourir. Vraiment mourir. Julie m'a beaucoup aidée. Elle m'a dit, tu peux, mourir. Mais si tu vis, tu vis, et tu vis pleinement, pleinement !* » La vie est précaire, on se doit de l' honorer.

Aucune possibilité de s'installer ici dans la naturelle jouissance du monde. La vie s'affirme sur le manque, le manque de biens, le manque d'argent, le manque à vivre, à être... Me revient en mémoire ce petit livre de Baudrillard, *Amérique*, que j'ai tant aimé. L'Amérique : le pays de « *l'Utopie réalisée.* » L'Utopie réalisée ? Eh bien : La vie existe, j'ai les moyens de l'acquérir, donc je l'ai ! Si je ne l'ai pas, c'est que je m'y suis mal pris, que j'ai été victime d'une injustice, d'un accident, de circonstances contraires, etc. Mais, la prochaine fois, je saurai, je ferai mieux, et je l'aurai, la vie...

L'Utopie réalisée, c'est-à-dire la négation du manque... Or le manque à être ne nous vient-il pas « d'ailleurs », n'est-il pas constitutif de notre humaine condition ? L'Histoire leur ayant ici, depuis toujours, imposé le manque, leur aurait aussi imposé la dimension métaphysique qui est au cœur de l'être vivant : son incomplétude. Acculés à vivre, en quelque sorte...

Une Histoire souvent si extrême que ceux qu'elle ne brisait pas, elle les a obligés à aller plus loin que d'autres, plus loin qu'eux-mêmes, et en a fait des individus aboutis... Nombre de nos amis, ici, sont héritiers de cette morale d'honneur intime qu'ils portent sans même en avoir conscience. Sous nos latitudes, un savoir donne un pouvoir, un pouvoir donne un savoir, et pouvoir et savoir donnent reconnaissance (ce qui pendant des siècles a fait avancer le schmilblick...). Les enjeux de savoir et les enjeux de pouvoir, bien souvent, ont été ici distincts (même si des passerelles ont toujours existé). Pour certains, le compromis avec le pouvoir étant impossible, il ne restait plus à chacun qu'à vivre sur sa propre loi, sans que cette décision soit jamais une « posture ». Habiter le savoir, la culture, l'art, comme « lieux d'existence naturels », sans attendre de l'extérieur quelque reconnaissance que ce soit...

Dans une Histoire extrême, un parcours extrême : celui de Grigori Pérelman qui, en 2006, a refusé la médaille Fields (Prix Nobel de mathématiques). Vadim m'a dit un jour :
— « *Cela n'avait pas de sens pour lui d'être honoré par l'Institution. À l'ère des articles jalousement gardés secrets jusqu'à leur publication Pérelman publiait en ligne l'état de ses travaux en cours. Pour lui, le savoir ne peut être la propriété de quiconque. Dans sa vie personnelle, refusant la règle commune, il a fait le choix de vivre en fonction de ses besoins réels. Il a calculé exactement ce qui lui était nécessaire et il s'en tient là. C'est ainsi qu'il a définitivement rompu avec son Institut parce qu'il a considéré comme une intrusion inacceptable dans sa vie privée l'augmentation de son salaire décidée par l'institution sans qu'il y ait eu avec lui de concertation préalable. Et rien n'a pu le faire revenir sur sa décision...* »
Figure unique. Sans aucun doute. Mais ceux que je connais ici ont la carte du club. (Prendre garde, il circule un certain nombre de contrefaçons...)

Nos amis, une espèce en voie de disparition ? Non, me disent-ils quand nous évoquons leur devenir. Il y a de jeunes linguistes, de jeunes mathématiciens, de jeunes historiens, de jeunes peintres, de jeunes chercheurs qui ont pris cette même voie. Autrement dit, qui « s'échappent par en haut », indifférents à la réussite matérielle, indifférents aussi à l'histoire anecdotique de ce monde. Ce ne sont pas les plus nombreux !...

Les autres ? À Moscou ils sont sur le marché :
— « *Nous n'avons jamais pu avoir, maintenant qu'il est possible d'avoir, ce n'est pas un* niet *qui nous fera reculer ! Nous aurons. Et nous aurons tout, ici et maintenant, tout !* »

Et puis il y a encore les autres, beaucoup moins visibles, qui traversent en silence, gris et furtifs, et puis il y en a encore d'autres, ceux que je ne rencontrerai jamais, ceux nombreux, et de plus en plus, dit-on, qui boivent pour oublier. Pour oublier qu'ils n'ont pas, qu'ils n'ont jamais eu, et qu'ils n'auront jamais... Comment tout cela vit-il ensemble ? L'image qui me vient est celle d'un emboîtement en poupées gigognes, justement ! Pas de passage d'un sous-ensemble à l'autre, mais des imbrications ancestrales qui rassemblent tout ce monde dans la Grande et Sainte Mère Russie...

Rêvasseries qui, mises en parole, risqueraient fort de « déparler » comme disait Vincentine... Il faut être dans la demi-obscurité, sur le canapé rose, et sans témoin, pour s'engager ainsi allègrement sur le chemin des grandes généralisations élucidantes...

Samedi 20 décembre

11 h déjà ! J'entends Claire murmurer :
— « *Mon Bon Dieu, faites que je n'aie pas mal aux pattes ! Bon Dieu de Bon Dieu !* »...
Et elle se lève, reste un moment assise sur son lit, se relève et se déporte, instable, d'un mur à l'autre, jusqu'à la salle-de-bains. Quand son élève arrivera à midi, elle sera habillée, maquillée, bijoutée. Royale.

14 h : Valéry n'est pas encore levé. La tension, le froid, le cœur, et, aujourd'hui encore, pas de chance, « tempête magnétique ! »

Et ils vont ainsi, dans ce petit appartement d'où de septembre à mai elle ne sort quasiment jamais... D'où il ne sort que pour faire les courses. Il se recouchera bientôt après. Mais vers 16 h il prendra son thé, toujours dans le même bol, son *piala* à lui, avec la même cuillère en argent, celle avec laquelle, bébé, on le faisait manger, qui a servi pour son frère, qui a servi pour son fils, une cuillère très usée sur le côté en contact avec la paroi. Il écoutera avec une attention absente tous ceux-là qui parlent français autour de lui (il s'est bien gardé de jamais comprendre ce qui se disait en cette langue), et il écoutera sa musique : Ciurlionis, Scriabine et Mozart... Et jusqu'à tard dans la nuit il aura l'oreille tout contre les nouvelles du monde, *radio Svoboda...*

Dimanche 21 décembre

Je dois revenir.

Moscou

Septembre - Novembre 2009

> « *Ne crains pas, dit l'Histoire,*
> *levant un jour son masque de violence...* »
>
> Saint-John Perse

Samedi 26 septembre

Devant l'entrée de l'immeuble les rebords de ciment et le petit muret ont été repeints d'un vert épais. Le rouge brun badigeonné l'année passée est entièrement recouvert. Sauf les coulures. Rouges et vertes elles font sur le passage une longue frange entrelacée. J'ai oublié le code. Un gravier dans les carreaux. Ils m'attendent, ils m'attendaient *(rires)*.

Thé noir, pâtés de viande, poissons fumés, *cirniki* au fromage, thé noir encore, et rires... Finalement je m'installerai à côté, dans l'appartement de la vieille dame.

— « *Elle est morte il y a quelques mois. À la fin de sa vie elle ne parlait plus que le latin. Sa voix s'était dissoute dans les mots de Tacite, de Virgile, d'Ovide. La veille de sa mort elle me récitait l'Apocoloquintose du divin Claude de Sénèque : 'Qu'il meure et qu'un plus digne enfin règne à sa place'. Et dans son regard malicieux se lisait le plaisir du sous-entendu provocateur...* »

Mais pour ce soir je resterai sur le canapé rose. Mes sacs et multiples paquets (pour Nina, pour Irina, pour Sacha, pour la mère d'Alexandra, etc.) récoltés avant mon départ se sont affaissés sur le tapis, ont glissé sous le fauteuil… Assise près de moi au Luxembourg, Alexandra me disait hier :

— *« Revenir là-bas ? Jamais ! J'y ai passé l'été, aucun avenir ! Ils cherchent tous à partir. Six millions de russophones en Allemagne ! Se marier avec un Juif, se faire passer pour un Juif, partir en Israël où ils sont déjà un million et plus ! Tout, mais pas rester là-bas !* »

Elle n'avait pas quitté une seconde ses grandes lunettes noires, Alexandra, qui, d'une voix monocorde me racontait ses veilles de nuit dans la maison de retraite du 93 où elle avait enfin du travail, son mal au dos et le sommeil qu'elle ne trouvait plus, nulle part.

J'avais appelé Pavel pour savoir s'il serait à Moscou durant mon séjour. (J'aurais aimé refaire avec lui les longues balades que nous faisions ensemble dans la ville il y a presque trente ans.) Il m'avait dit :

— *« Oui, j'y serai mais, tu sais, je ne peux pas rester là-bas plus de huit jours, après je suis malade.* »

Alors, vous en êtes où ?

— *« Sans perspective, aucun avenir, ' Ils ' se battent entre eux, aucune loi, aucune règle… Aucun d'entre nous n'est sûr de rien. On peut nous dire demain : ' Vous savez, on a vendu Moscou, vous devez déménager ' (rires). Les Z. qui avaient depuis plus de soixante ans une maison à Pérédelkino, ont dû partir précipitamment. Toutes les maisons attribuées à l'époque aux artistes ont été reprises et mises en vente.* »

— « Par qui, à qui ?

— On ne sait pas. Personne ne sait.

— Mais vous ?

— Nous, nous allons bien, Valéry réfléchit à ses prochains tableaux (donc il dort beaucoup…) et moi j'organise. J'organise mes

courses (que d'autres font pour moi puisque je ne peux plus marcher !), mes cours et, bien sûr, la célébration des cent ans de mon père à la maison de l'Émigration russe » (rires). « *Il y aura une exposition de photos et de documents, et il y aura aussi une soirée, le 8 octobre, où sont invités des chercheurs et des spécialistes des langues et cultures orientales. Plusieurs d'entre eux ont été les élèves de mon père. Énorme travail qui m'épuise, mais, tu vois, c'est quelque chose que je devais faire, un devoir qui me vient d'ailleurs... Inscrire mon père et ses travaux dans l'Histoire, et assurer la conservation de ses ouvrages et documents. Redire les errances des miens dans la folie de ce XXe siècle, et dire qu'ils n'ont jamais rien abandonné d'eux-mêmes. Redire la nécessité pour mon père, pour ma mère, d'un retour en Russie-U.R.S.S. en 1951, et en retrouver le sens...*
De tout cela je suis le précaire dépositaire. Mon histoire dépasse de beaucoup ma petite personne... » (rires).

Dimanche 27 septembre

Entre Boris le Tatar, beau, très beau, et si gentil. Dans sa main une longue rose blanche effleurée de vert tendre. (Nous avons toujours admiré son aptitude talentueuse à avoir de l'argent, et beaucoup, sans avoir jamais de métier identifiable.)
— « *Aujourd'hui, c'est le jour où les Chrétiens orthodoxes doivent se consacrer à leurs amis, Svetlana, vous le savez, je vous aime, je vous respecte et je vous admire, cette rose est pour vous.* »
Rires, thé noir et *cirniki*...
— « *J'ai été autrefois garde du corps d'un homme d'affaires sud coréen et j'ai gardé des relations dans ces milieux... Il s'y dit aujourd'hui que c'est comme en 1991, qu'il peut y avoir un coup d'état du jour au lendemain. En fait, ' Ils ' ne contrôlent plus vraiment le pays.*
— ???

— *À Sotchi, les travaux stagnent. Personne ne voit comment les installations sportives pourront être prêtes en 2014. Mais, au dernier moment, des terroristes vont dynamiter la gare, le stade, le grand hôtel, et les jeux ne pourront avoir lieu ! Cela simplifiera les choses.* »

— ???

Avec Boris, on ne discute pas. On écoute. Après son départ on peut s'étonner...

— « *Quoi ? Boris ? Converti ? Devenu orthodoxe ?*

— *Et comment ! Orthodoxe fervent ! Il s'est fait baptiser, il a un Directeur de conscience, il respecte toutes les fêtes et le reste... Et j'en connais beaucoup comme lui.*

— ???

— *Tu comprends, Boris c'est un être simple, comme tant d'autres. Ici, si on n'est pas ' comme les autres ' on est tout seul ! Et chez nous, on ne peut pas être tout seul ! On ne peut pas être différent des autres. Pour le moment, ' être comme les autres ', c'est être orthodoxe, voilà, c'est tout.*

— ???

— *Non, tu ne peux pas comprendre, ce n'est pas vraiment du conformisme, il s'agit d'autre chose... De quelque chose de typiquement russe.* »

— ???

Lundi 28 septembre

Expédition *OVIR*. Je dois me faire « enregistrer » au centre-ville, dans le quartier où habite Igor qui a fait pour moi l'invitation. J'ai toujours aimé le trajet jusqu'au terminus du métro, ce trajet dans ma ville-à-la-campagne... Grand soleil d'automne. Les bouleaux sont fastueux, légèrement tremblés. Ils recouvrent tout, plus hauts que les huit étages des bâtiments de briques enfouis dans leur lumière. Silence, les feuilles grésillent sous les pas. Silence, les gens vont, paisibles. Sous un arbre un vieil homme présente sa poêle à frire à deux comparses : « *Elle est pas russe, elle est allemande* ». On apprécie... Plus loin une babouchka coupe quelques branchettes et les réunit en une souple balayette qu'elle met entre les mains de la fillette auprès d'elle.

Je pourrais faire de magnifiques photos... J'imagine le possible album et ses possibles commentaires : idyllique !

Hélas, je ne fais pas de photos.

Un peu plus loin la façade du cinéma *Neva* a été repeinte et le restaurant inclus dans le bâtiment a changé de nom. Il s'appelle maintenant *Bielaïa Guardia*, « La Garde Blanche ».

Faire une invitation est une opération laborieuse qui nécessite nombre d'allers et retours auprès de diverses instances et, bien sûr, abondance de « papiers ». Igor s'en est chargé. C'est Sofia, sa femme, qui m'accompagne à *l'OVIR*. Allées sinueuses sous les arbres, pas un brin de vent, les feuilles dorées hésitent, elles planent, incertaines. Calme, tranquillité, le charme d'une ville de province, à deux pas du boulevard à six voies.

L'OVIR : mêmes bureaux, mêmes éclairages au néon, mêmes odeurs, mêmes corpulences qu'autrefois. Les carrés grisâtres du faux plafond, piquetés de rangées de trous, sont disjoints. Certains sont tombés et câbles et tuyaux s'échappent en boucles de ces béances. Marina, cinq ans et demi, demande à sa grand-mère pourquoi tant de tuyaux dans les plafonds !

— « *Il sont fatigués d'être enfermés ; ils sortent leur nez, et la nuit ils font de la trompette.* »

On entre enfin.

— « *Non, je ne peux vous enregistrer, l'enregistrement doit être signé par la personne invitante.*

— *Je suis désolée mais mon mari est en Italie pour une semaine, voici sa carte d'identité, la mienne, notre adresse commune.*

— Non, impossible, absolument impossible. Et ça ne peut pas attendre une semaine ! *Madame doit être impérativement enregistrée dans les trois jours suivant son arrivée. Je peux ordonner le retour immédiat de Madame en France. Non, il n'est pas possible qu'elle reste ici...*

— *Oui, nous comprenons, nous nous excusons, nous ne savions pas, comprenez-nous, vous savez...* »

Nous faisons quelques photocopies supplémentaires, rentrons, sortons, re-rentrons et, une demi-heure plus tard, à mi-voix, sans nous regarder :

— « *Signez à sa place, mais, au moins, vous imitez correctement la signature ! Je vous donne un papier, exercez-vous !* »

On signe, on duplique sans réplique, on tamponne, re-signe, re-tamponne et on sort.

Mission accomplie.

Règles et règlements... Il y a trente ans ou presque, nous avions découvert avec stupéfaction que, quand tout est interdit, eh bien, tout peut devenir possible ! S'il n'y a pas de frontière nette entre le légal et l'illégal, si tout est potentiellement interdit, il n'y a pas de limite à la demande. Au nom du « il-faut-bien-vivre » on est en droit de tout discuter, même si les chances de résultat sont très incertaines... Et il y a le ton et la manière. (Les Français sont en général très mauvais dans l'exercice. Les Italiens ont plusieurs longueurs d'avance.)

1982-1985 : Nous étions assignés à résidence dans l'hôtel *Universitietskaia* où nous n'étions que cinq étrangers à demeure, des enseignants. Nous devions montrer notre laissez-passer dans le hall d'entrée et à l'étage, à chaque passage, aux mêmes gardiens, pendant trois ans. Évidemment il y avait toujours le jour où il se trouvait dans l'autre sac, ce laissez-passer, ou dans la poche de l'autre manteau. Et il fallait bien regagner notre chambre, notre lit, alors, nous discutions et nous passions... Il y avait pourtant eu cet épisode resté célèbre : Pierre, arrivé à l'hôtel

à 2 h du matin, s'était entendu répondre par le veilleur de nuit qui nous veillait depuis deux ans déjà :
— « Non, même à ma mère, après minuit, je demanderais un laissez-passer. »
Pierre avait fini sa nuit dans la guérite des plantons de l'Ambassade de Chine, non loin de là...
Mais si j'avais pu voyager pendant deux semaines dans les Pays baltes (alors interdits d'accès aux Français puisque la France n'avait pas reconnu leur annexion à la fin de la guerre), c'était parce que la « dame qui s'occupait de moi » à l'Institut avait exactement la même date de naissance que la mienne. Je l'avais convaincue qu'elle ne pouvait refuser un visa à sa « jumelle ».
À Tallin comme à Riga j'avais vécu pendant une semaine entière dans la plus belle « Suite » de l'hôtel qu'elle avait fait retenir pour moi, celle réservée aux « Instances dirigeantes ».
Je lui avais rapporté des bottes pour la neige. Elle les méritait.

Mardi 29 septembre

8 h. Je feuillette le tas de livres que j'ai rassemblés sur la table pliée qui se fait étagère au pied du canapé. Et, bien sûr, les 1 400 pages de *l'Empire des Tsars et les Russes* d'Anatole Leroy-Beaulieu qui me suit depuis trois ans. Il est 11 h quand ils se lèvent, on petit-déjeune, on parle...
— « *Surprenant, non, d'avoir rebaptisé le restaurant du Néva* La Garde Blanche ? *(rires).*
— *Pourquoi surprenant, non, c'est la 'dominante' du moment, c'est tout ! Il y en a même un, au centre de Moscou, qui a reçu le nom de* Brochettes anti-soviétiques... *Il est vrai qu'il avait pour lui, ce restaurant-là, de se trouver en face de 'l'Hôtel Soviétique'. Et il est vrai aussi que cela n'a pas plu à tout le monde, on polémique encore là-dessus à la télé »* (rires).

Il est déjà 13 h, on raconte, on lit, on téléphone, on cuisine, on dîne vers 17 h, avec ceux qui arrivent. On parle, ils sortent, d'autres rentrent, on les sert, ils mangent, ceux qui en sont au thé prennent leurs tasses et vont s'assoir à côté. Aucun horaire. Une journée sans bornes, très longue, qui se terminera avec les infos en russe à 21 h 30, et en français, la Cinq, à 22 h 30. Et, tard dans la nuit, *radio Svoboda*. Les journées sont incontestablement plus longues à Moscou qu'à Paris, le temps plus vaste…

Entre Alexandra dont la fille travaillait dans la chaîne de TV *Le Sauveur*, chaîne religieuse. Un oligarque en est devenu l'actionnaire majoritaire et, du jour au lendemain, il a viré tout le monde, sans préavis, sans explication, sans compensation financière, etc.

— « *Ma fille n'a même pas reçu son salaire des trois derniers mois. Elle ne s'est pas démontée, elle a fait un procès. Évidemment, elle ne l'a pas gagné. De nos jours, impossible de gagner un procès ! Être dans son droit n'est pas un argument !* (rires). *Des témoins ont été achetés, on a trouvé de faux témoins, etc. Bref, Zoïa a perdu son travail et n'en retrouve pas ! À l'époque soviétique, au moins, on ne s'inquiétait pas pour le travail !* »

Marina a apporté des pommes Antonovka. Ce sont des vraies, elles viennent de sa datcha. On les essuie avec un chiffon doux et on les pose sur l'appui de la fenêtre, dans le salon. La cuisine est trop exiguë pour accueillir une coupe pleine. Marina m'a donné les clés de l'appartement de la vieille dame, sa tante. Je vais pouvoir m'installer, libérant ainsi quelques petits mètres des 45 mètres carrés habitables.

Sacha est venu avec ses draps. Sa machine à laver est en panne depuis un an.

Tania est très élégante, belle. Ses yeux gris sourient avant elle. Quand elle se déplace, son châle de lainage léger flotte autour d'elle. Son mari est mort il y a quelques mois. Non, elle ne fera pas de dépression.

— « J'ai 74 ans, j'ai passé l'âge ! La seule chose qui importe dans la vie, c'est la parole. Parler, c'est vivre. C'est pour cela que j'écris. Il ne s'agit pas d'être publiée, je raconte des histoires ! Dire ce que l'on est, qui on est. Mon fils, homosexuel, est parti il y a dix ans. Il risquait sa vie en restant à Moscou. Impossible de dire ici qu'on est homosexuel, trop risqué. Il a été un jour battu à mort, en plein centre-ville ! Il a été aidé dans son départ par une association anglaise qui aide les homos à quitter le pays et à s'installer en Angleterre ou aux U.S.A. »

Elle reviendra, juste pour parler.

Mercredi 30 septembre

Au réveil, bourrasque dans les carreaux. Les feuilles partent en folie. Je lis *Dernières nouvelles du bourbier* d'Alexandre Ikonikov. Un délice ! Que faire de la jambe que la paysanne Krotova a coupée à son mari un soir de dispute bien arrosée ? Comment utiliser une machine à laver sans évacuation d'eau ? Humour, rire et tendresse. Tendresse pour ce pays où le drame se fait vie…

Téléphone. C'est Vera, chercheuse à l'Académie des Sciences.
— « *Svetlana, promettez-moi de ne répéter à personne ce que je vais vous dire.* »
Claire-Svetlana met le haut-parleur.
— « *Il faut que tu écoutes ! Si tu veux savoir ce qui se passe à Moscou, il faut que tu écoutes et que tu écoutes encore*, me répète-t-elle constamment. *De toute façon tu es beaucoup trop rationnelle pour comprendre ce qui se passe chez nous !* »
— « *Figurez-vous qu'un de nos chercheurs, spécialiste des religions de l'Inde, a fait un séjour auprès d'une secte hindouiste peu connue d'où il a rapporté des objets de culte utilisés dans les rites d'invocation des esprits. Il les a exposés dans la grande pièce du premier étage, mais voilà que notre Directeur a décidé d'y transférer son bureau. Et alors,*

que croyez-vous qu'il arriva ? Après réflexions, hésitations, et méditations, notre Directeur, récemment converti à l'orthodoxie, a pris la décision, à tout hasard, de faire venir un pope pour purifier le lieu des influences contraires éventuellement portées par ces masques et bâtons. Le Pope est venu, a aspergé, a béni, a exorcisé. »
Vrai, je dois être trop rationnelle.

Jeudi 1er octobre

Maison de l'Émigration russe où je dois prendre les affiches qui annoncent la célébration du centenaire de Youri Nikolaïevitch Zavadowski le 8 octobre. Youri, le père de Claire. Cette Maison porte le nom de Soljenitsyne qui, en partie, en a financé le projet.
— « Ses livres sont-ils encore lus avec la même passion ?
— Pour l'anniversaire de la mort de Soljenitsyne, le 4 août 2008, Poutine a fait intégrer dans les programmes scolaires des extraits de l'Archipel du Goulag en lecture obligatoire. »
Bâtiment moderne où tout fonctionne. Expositions de peintures réalisées par des religieux, tout un couloir d'icônes, des gens extrêmement gentils. On organise ici un Centre de documentation sur l'émigration où on conserve, classe, met à disposition des documents et des objets provenant de l'émigration russe dans le monde entier.
Très bien !
Mais pourquoi ce malaise ?...

Vendredi 2 octobre

Dans mon rôle de petit facteur, je vais remettre une affiche à la revue *Notre héritage*, revue fondée par l'Académicien Likhatchev. Très belle maison, celle d'un architecte du début du XIXe. On pousse la grille, rien n'a bougé, depuis plus de cent

ans. Je suis accueillie par un ancien interprète de français, ravi de parler... Je verrai tout. En particulier l'exposition de photos consacrée à Likhatchev. Assis sur de larges marches, le vieil homme sourit. Intelligence et malice. Présence !
Dans le jardin, sous les feuillages, une petite statue de Pouchkine grandeur nature. Le visage est celui moulé sur le poète à sa mort, et le sculpteur a tenu à reproduire sa taille exacte. Un tout petit homme ! Absence.
— « *Vous lisez encore Pouchkine ?*
— *Non (rires). Mais son nom reste un des pôles organisateurs de notre identité russe... C'est notre héritage...*
— *Et, à part Pouchkine, votre héritage ?* »
Hésitations, rires, regards complices.
Il n'ira pas plus loin, il me sourit, nous nous comprenons... Les joyaux présentifiés de « l'Héritage » sont aujourd'hui l'Église orthodoxe, la noblesse russe, la sagesse des tsars...
Près du *MID*, le passage-piétons est barré par une voiture de police en stationnement. Collée sur l'intérieur du pare-brise une petite affichette bleue en anglais : « *Association internationale des polices.* »

À peine arrivée chez Sofia je suis mise à l'ordinateur : Exercices de français. Attention aux détails, minutie, Sofia fait, refait, réécrit... L'exercice proposé doit prendre en compte toutes les données possibles : l'état présent des connaissances des élèves, leurs centres d'intérêts, leur capacité de concentration, etc. Mais on ne transigera pas sur le niveau de langue attendu. Perfectionniste à l'extrême ma Sofia qui, lorsque je me moque de ses éponges rangées en ligne sur l'évier, me répond :
— « *Ça commence là ! Si tu n'es pas vigilant, si tu n'imposes pas l'ordre, tu es vite emporté dans la dégringolade générale !* » *(rires).*
Nous serons récompensées par du saumon à la crème et quelques petits verres de *Poutinka,* la grande vodka du moment qu'on voit passer dans la rue en lettres rouges et bleues sur les camionnettes de livraisons.

Samedi 3 octobre

Je suis restée chez Sofia. J'ai toujours vécu à Moscou avec mon sac à dos, passant de l'un chez l'autre... Avant son départ à l'école, jeux avec Marina. Marina lit couramment, en russe et en français. Nous jouons en français au jeu des familles d'animaux. Et elle me regarde avec de grands yeux perplexes quand je redemande pour la troisième fois le nom russe du hérisson ! Nous l'accompagnons à l'École du Coq d'Or.

— *« Mais ce n'est pas une école, c'est un centre privé d'activités culturelles : dessin, danse, musique, théâtre. Marina y va trois fois par semaine et elle y est très heureuse. Le reste du temps elle est à la maison, et c'est nous qui lui apprenons à lire, à compter, et le français, évidemment !* »

Nous resterons là trois heures à papoter sur un banc, en compagnie d'autres parents. La surveillance entre les leçons revient aux parents, elle n'est pas assurée par l'institution.

— *« Si on veut qu'ils apprennent quelque chose, on ne peut pas faire autrement ! »*

— ???

Retour à la Base... Métro... Dans le métro je regarde les femmes. Les hommes sont peu visibles. Elles, elles sont là, le vêtement ajusté, le foulard assorti aux gants, un sac sur les genoux, un autre aux pieds, celui des courses, et le rouge à lèvres net, remis avant la sortie du travail. Contenues, tenues le plus loin possible de ces deux passagers entre lesquels elle sont enserrées. Et ce regard ! Un regard que je n'arrive pas à définir, intense, présent, et, en même temps, un regard qui ne colle pas au paysage...

Plus nettement que dans mes séjours précédents je perçois cet effet de « retrait », ce refus d'être « partie prenante » de l'espace commun. Refus que théâtralise le « code d'indifférence » aux entrées des stations, qui veut qu'on lâche ostensiblement le battant des lourdes portes de bois sur le passager suivant. Je la tiens, la porte, sur laquelle le regard apitoyé du suivant m'épingle comme naïve étrangère. Se conformer au code d'indifférence, cela vous pose dans l'anonymat de l'espace social… Mais dès que, à l'occasion d'un geste, d'un mini-événement, se reconstitue dans la promiscuité du wagon un espace de « l'entre nous », regard, gestes et comportements, imperceptiblement, se modifient. On devient subtilement solidaires, et, comme cela a été fait vers moi l'année passée, on peut, sans un mot, tendre une pastille à la victime d'une toux irrépressible…

À la Base, une amie dans un fauteuil, et Claire au téléphone. Elle explique à une nouvelle élève comment arriver chez elle :
— « C'est au nordest de Moscou.
J'interviens :
— Non, Claire, c'est en haut, à gauche de la carte, donc au nordouest.
— Ah bon ! Peut-être. De toute façon, ici, je ne sais pas où je suis… »

Dimanche 4 octobre

Petit déjeuner :
— « *Tu vois, la transmission, elle se fait par les femmes, c'est la raison pour laquelle j'ai mis une photo de mon arrière-arrière grand-mère dans la brochure de présentation de la vie et des travaux de papa. Ce sont les femmes qui ont ' tenu ' le pays pendant les périodes les plus dures du siècle dernier. Ce sont elles qui assurent la vie. J'ai pleuré quand j'ai vu à Kiev la Vierge, l'Orante, penchée sur son enfant. Quand j'ai été opérée sans anesthésie, j'ai vu ma mère au-dessus de moi. Elle me protégeait. Sinon je n'aurais pas pu supporter l'opération* » (rires).

Relation immédiate, juste, profonde, drôle, avec les femmes, jeunes et moins jeunes... Je ne ris jamais autant qu'à Moscou. Les hommes ? « *De plus en plus ailleurs* », me disent-elles. Appel de Katia. Katia va se remarier avec son nouveau banquier. « *Un Espagnol qui lui a été présenté par l'Église.* » Katia voudrait la photo de mariage de la grand-mère de Claire. Elle rêve d'avoir pour ce grand jour la même robe que celle qui, en 1902, à Petersburg, avait été brodée par les servantes. « *Le XIXe siècle est très, très à la mode.* »

Depuis des années, Galina habille Claire, et, pour le 8 octobre, elle lui fait une robe de fête. Une robe en velours de soie noire. Exclamations, rires et joie quand elle la sort de son grand sac et qu'elle la déplie.

— « *J'ai fait pendant longtemps des costumes de théâtre. Je ne prends jamais les mesures. Je regarde et je fais un essayage après le premier bâti, c'est tout !*

Oui, j'aime ce que je fais, je passe ma vie dans mon atelier, c'est-à-dire chez moi. C'est drôle, mais dès que je ne suis plus chez moi, je m'ennuie. Quand je voyage, je m'ennuie. Cela fait longtemps que je ne suis pas sortie de Moscou, j'aime Moscou ! Oui, je vis seule, j'ai une fille, grande maintenant. Les hommes ? Pourquoi s'encombrer d'un tel fardeau ! Je suis libre... (rires).

Vous, je vois très bien ce qu'il vous faut, vous viendrez et je vous habillerai ! »

Et puis c'est Marina :

— « *Si vous saviez comme je suis contente de prendre ma retraite ! J'ai travaillé pendant 30 ans dans les services d'enseignement et de formation de l'armée. Aujourd'hui les bâtiments qui nous étaient affectés et leurs terrains ont été vendus. À qui ? Personne ne sait. Les services de formation seront délocalisés dans la région de Voronej. Ce que l'on sait, c'est que la personne qui va diriger et organiser l'enseignement dans les armées est une femme jeune, très belle, qui, il y a une dizaine d'années, a créé ' l'Institut des jeunes filles bien nées ', une institution qui existait avant la Révolution et qui préparait ces jeunes personnes à devenir des ' cadettes ' dans l'armée. Va-t-on maintenant former des majorettes ? Ce qui est sûr, c'est qu'il n'y aura plus d'enseignement digne de ce nom. Cette directrice-là n'a rien à voir avec l'enseignement ! Elle ne se déplace jamais sans son petit chien dans les bras ! Je vais m'occuper de ma datcha, de mon jardin et des pommiers. Tenez, Claire, je vous ai apporté des Antonovka.* »

Lundi 5 octobre

J'ai rendez-vous à l'Arbat avec Yan qui part aujourd'hui même à Paris. Yan est boursier du gouvernement français et invité par le Collège de France où il va faire un troisième séjour de six mois. Il habitera chez moi avec sa femme. Yan a 25 ans. Il est historien et travaille sur les rapports de l'Empereur Théodose et de l'Église au Ve siècle de notre ère. Sa recherche le passionne. Il lit le grec, le latin, l'allemand, l'anglais et le français. Nous avons cohabité très agréablement, l'année passée, dans notre « appartement communautaire » parisien. La jeune chercheuse, adorable, qui avait vécu chez moi il y a trois ans travaillait sur la comparaison du traitement des Saints dans la religion catholique et dans la religion orthodoxe. De nouveaux champs de recherches se sont ouverts…

Yan est heureux de partir, heureux d'aller en France, heureux de travailler, heureux de me voir. Quel sourire ! Candeur et détermination… Sa femme lui a coupé les cheveux avant son départ.

— « Alors, Samara ?

— Pas de travail, chômage généralisé, aucun financement conséquent des universités, pas d'argent pour la recherche ! Je ne sais pas pourquoi je fais ce que je fais ! Je n'ai pratiquement aucune chance d'avoir un poste d'enseignant après ma thèse. » Yan rit, nous rions.

— « *L'Église ?*
— *À Samara elle a remplacé le Parti.* C'est l'Église qui organise les associations qui s'occupent des jeunes, qui organise le sport, les activités culturelles, l'éducation morale. C'est l'Église qui crée des liens dans la société, et ce rôle lui est très officiellement reconnu. Le Patriarcat de Moscou vient d'annoncer que le 26 et 27 novembre aura lieu dans la Capitale une rencontre sur le thème : ' Coopération de l'Église orthodoxe russe avec les Agences de l'ONU '. L'Église orthodoxe a besoin des Organismes internationaux pour financer ses programmes sociaux. »

Passage à l'Ambassade de France où je dois déposer au service culturel des invitations pour la soirée du 8 octobre. Ils n'ont pas le temps. J'essaie par ailleurs de savoir pourquoi Ania, la femme de Yan, n'a pas reçu son visa pour accompagner son mari à Paris.
— « *Cela ne dépend plus de nous. Pour les conjoints, nous devons attendre la réponse de Paris...* »
— « *Oui, cela devient de plus en plus difficile d'aller en France*, me dira Yan, *les chercheurs préfèrent maintenant aller en Belgique ou au Canada.* »
Déjeuner à la cafétéria où la jeune femme qui me fait face, Russe depuis longtemps mariée à un Français, m'explique qu'il y a ici une forte demande de produits de grand luxe. « *Le très haut de gamme, ils ont beaucoup, beaucoup d'argent.* »
À l'évidence, « ils » ne sont pas les mêmes...

Retour à la Base. Je déménage enfin chez la vieille dame, tout à côté, dans le même bâtiment. Immobilité des choses. Depuis des années posées là elles ont acquis une pesanteur soupesable à l'œil. Ma valise dans un coin, de petits tas sur deux fauteuils. Ne pas « empiéter ». Et je regarde les livres. La vieille dame, ancienne élève de la prestigieuse *IFLI*, a donc été professeur de latin toute sa vie. Partout des rayonnages, mais insuffisants pour tout contenir. Donc, deux, trois rangées de livres sur chaque étagère. Ovide, Sénèque,

Tacite, Cicéron. Ils sont tous là, dans le rang du fond, tous emplis de petites feuilles jaunies recouvertes d'une écriture régulière, pour moi illisible. Et, en façade, *la Vie spirituelle* de Bonaventure qui recouvre les *Œuvres complètes* de Marx ; les *Confessions* de Saint Augustin qui masquent *l'Histoire de la philosophie*, des icônes sur cartons gondolés, de petits livres de prières.

Même elle !

Au mur les photos des parents, humbles paysans du XIXe siècle, et de son mari en uniforme militaire. Sous son portrait, une carte postale célèbre la Victoire de la Grande Guerre patriotique. Épinglé à l'angle un petit bouquet de myosotis de soie bleue. Au-dessus du lit, un miroir ovale, et la reproduction d'un tableau : une jeune femme à demi nue, lisant. Seuls le buste et le livre sont éclairés.

Curieusement, je me sens très bien ici...

Mardi 6 octobre

J'irai en bus à l'aéroport chercher Bernadette qui arrive de Paris pour le Centenaire. Inutile de payer les mille roubles demandés par les taxis [40 euros]. Le trajet aller en bus ne suit pas la route connue. Il est beaucoup plus long que le trajet habituel en voiture. Nous longeons des kilomètres de palissades stériles, successives plaques de ciment à cabochons. Un écriteau : « *Entrepôts des denrées en provenance de l'étranger* » et, à l'intérieur de l'entrepôt, dépassant la clôture, les trois dômes rutilants d'une église neuve.

Dans le bus de retour, contrôle. Elle doit avoir une soixantaine d'années, cette petite femme à l'air revêche qui progresse dans l'allée, bardée de son sac de cuir et du « truc » métallique qui édite les billets. Deux jeunes filles ont égaré (?) leurs tickets. Discussion, inévitable amende. Refus. Rediscussion. Refus obstiné. La contrôleuse tire la sonnette d'alarme, immobilise le bus. On ne repartira qu'après le règlement du prix des deux billets. Nous resterons à l'arrêt plus de 5 minutes, sans un mot des voyageurs dont la réprobation mauvaise solidifie les visages…

Bernadette s'étonne :

— « *Je croyais qu'ici on ne contestait pas.*

— *Non, oui, non, ce n'est pas exactement comme ça…* »

Galia, la nièce de Claire, est aussi venue de Paris avec son compagnon. Et Claire, une fois encore, raconte l'arrivée de ses parents à Tachkent en 1952. Rires et larmes…

— « *Mes parents étaient des aventuriers. Mon père disait toujours : ' La vie est un voyage. Ceux qui s'installent pour de bon dans l'auberge au bord du chemin perdent de vue la route de la vie '* »

Et Claire reprend l'histoire, depuis le début : Petersburg, la grand-mère, le grand-père, la Révolution, Constantinople, l'exil, la France, son père, Langues O, le Moyen-Orient, sa mère, l'Irak où elle est née, la guerre, la ferme des autres grands-parents près de Saint-Raphaël, la fuite dans le maquis, l'Égypte, le Vatican, Prague, le retour en U.R.S.S., Moscou, Tachkent, et re-Moscou…

Récit que j'entends depuis près de trente ans, toujours pour la première fois.

Quand elle raconte, sa voix change, un peu plus haute, égale, comme si l'histoire se disait à travers elle, et d'une certaine façon, sans elle, comme si elle en était le transitoire métal conducteur. Une histoire venue d'ailleurs et portée plus loin… À chaque fois intacte, nouvelle…

— « *Ce sont eux qui m'ont faite, je suis faite d'eux.* »

Mercredi 7 octobre

— « *J'ai eu un appel d'une des Dames spécialistes du méroïtique. Je dois immédiatement lui envoyer un article en français sur papa qui paraîtra dans une revue internationale des langues rares. Je te raconte et tu écris, là, maintenant.* »

Je tempère... et j'obtempère...

« Mon père est né le 6 octobre 1909 à Varsovie, dans une Pologne alors sous autorité russe où mon grand-père commandait le régiment de la garde impériale du tsar.

Ma grand-mère était une femme étonnante. Elle se passionnait pour l'étude des langues et elle allait chaque année plusieurs mois à Vienne à l'École de Berlitz où elle a appris l'anglais, l'espagnol, l'italien, l'allemand, le norvégien, le suédois, et quelques autres langues encore...

— *« Je ne mentionne pas le français. On parlait français, évidemment ! Tu sais, la grande noblesse russe, la vraie, était très cultivée. Pour les nobles ou riches notables français, chevaux, manoirs, voitures ou autres possessions luxueuses étaient signes valorisants, signes de distinction sociale. En Russie, la culture était un des codes de reconnaissance de la noblesse. On n'était pas vraiment noble si on n'était pas cultivé. Retiens ça !* »

Bref, ma grand-mère a voulu donner à son fils plusieurs langues. Il a eu une gouvernante allemande, un précepteur anglais, et, bien sûr, elle lui apprenait le français.

En 1917 mon grand-père s'est engagé dans la Garde Blanche et a envoyé sa femme et son fils en Crimée. Non, il n'a pas été tué dans les combats, il est mort du typhus en 1920 et sa femme et son fils ont pris le dernier bateau partant de Novorossisk pour Constantinople. Mon père avait onze ans, et jusqu'à la fin de sa vie il a gardé le souvenir de ces milliers d'exilés fuyant dans le plus grand désordre. « *N'oublie pas,* me disait-il souvent, *la vie est précaire, rien n'est jamais acquis.* »

Ils sont restés plus d'un an à Constantinople. Des structures d'encadrement et d'enseignement avaient été aussitôt mises en place pour les plus jeunes, et mon père a ainsi rencontré le moine Alexis Dekhterev, jeune chef scout, que les hasards de la vie remettront souvent sur son chemin.

En 1922 ma grand-mère et son fils arrivent à Paris, munis du *passeport Nansen*. Ma grand-mère était une femme qui faisait face. Il était hors de question qu'elle ne soit pas « à la hauteur », quelles que fussent les circonstances !... Elle a été caissière, interprète, aide-soignante, jusqu'au jour où elle a obtenu de Berlitz, alors réfugié à Londres, l'autorisation d'ouvrir une École Berlitz. Avec deux de ses amis, comme elle originaires de Petersburg, elle a organisé l'enseignement de quasiment toutes les langues européennes. Trois professeurs ! Mon père, lui, faisait ses études au gymnase russe. Les enseignants étaient pour la plupart des universitaires qui avaient à cœur de transmettre à ces jeunes enfants le meilleur de leur culture.

Le bac obtenu, que faire ? Mon père choisit l'étude de la seule langue dont sa mère ignorait tout : l'arabe !
1928 : Il entre à 19 ans à l'École nationale des langues orientales, alors en plein essor. Il y avait là des maîtres prestigieux, passionnés par l'étude des langues et des cultures orientales. L'époque elle-même était passionnée. Mon père aimait raconter ces années-là, ces « années folles » de l'entre-deux-guerres, leur créativité, le bouillonnement des idées, la multiplicité et la variété des activités culturelles. Il était fasciné par les cultures orientales et recherchait la compagnie de tous ceux venus d'Orient. C'est parce qu'il s'était lié d'amitié avec Rezvani *(qui, pour gagner sa vie, se produisait dans des cabarets où, tous les soirs, il découpait sa petite femme en morceaux devant un public horrifié)* qu'il s'est mis à apprendre le persan.

1931 : À 22 ans il sort premier de sa promotion, diplômé en arabe littéraire, en dialectologie arabe, en dialectes du Maghreb, en turc et en persan. On lui conseille alors de prendre la nationalité française et de présenter le concours du ministère des Affaires étrangères. Premier poste d'attaché culturel : Dresde où il ne restera qu'un an. Et puis l'Irak, l'Iran, la Syrie. Premiers travaux, premières publications dans la revue des Jésuites *En Terre d'Islam*.

1934 : Il avait connu ma mère à l'École des Langues orientales et ils se sont mariés en 1934 à Beyrouth. Ils sont aussitôt partis pour l'Irak.
— « *Et voilà comment je suis née à Bagdad en 1936 ! Oui, je suis une russo-franco-irakienne !* »
Après l'Irak, la Syrie où mon père a conduit de nombreuses missions ethnolinguistiques. Après la Syrie, la Tunisie où il entreprend un gros travail sur la presse parue entre 1860 et 1937.

1939 : La guerre éclate, mon père a trente ans. La France passe sous l'autorité du gouvernement collaborationniste de Vichy qui démet de leurs fonctions tous les diplomates dont la nationalité française a été obtenue par naturalisation. Retour à la case départ... C'est-à-dire chez les parents de ma mère, les Sass-Tissovski, non loin de Saint-Raphaël. Mes grands-parents, propriétaires terriens, avaient fait en Ukraine des études d'agronomie et ils avaient su faire prospérer leur ferme, achetée en France une quinzaine d'années plus tôt.
Que faire en ces temps de grands troubles ? Travailler ! Mon père se remet à son « Grand Œuvre », le dictionnaire franco-arabe et arabo-français dont il avait fait paraître à Tunis une première version en 1937. En 1940 il publie aussi son dictionnaire de langue berbère, et entre 1943 et 1944, il rédige de nombreux articles sur l'islam en Tunisie, sur les costumes tunisiens, sur l'islam en Turquie, etc.
— « *J'avais alors 7-8 ans, et je le revois, travaillant, et soudain éclatant de rire. Je n'allais pas à l'école, ' j'apprenais ' avec les miens.*

Les langues avec ma grand-mère qui, m'entendant un jour parler dans la rue avec des enfants italiens s'était indignée de mes approximations maladroites et m'avait le soir même assise devant Dante ! Les mathématiques avec mon grand-père, et l'histoire et la géographie avec mon père. Il me racontait la dérive des continents, les forêts amazoniennes, et je voyais les anacondas, les tigres et les perroquets... Je voyais vraiment devant moi les pharaons assis sur leur trône, le Nil et ses roseaux, les grands déserts, les caravanes... La vie m'attendait. La vie, c'était l'aventure, connaître le monde !»

1944 : Brutale rencontre avec l'Histoire, la vraie ! Nous étions des « émigrés russes » et cela nous valait une double surveillance : celle de la police de Vichy et celle de la Gestapo. Un jour, perquisition. Au mur de la salle à manger, les cartes étaient piquetées de petits drapeaux rouges marquant les avancées des armées soviétiques. Délit manifeste qui nous valut immédiatement d'être assignés à résidence. Le soir même les gendarmes du village qui nous aimaient bien nous prévenaient qu'ils avaient vu dans les bureaux de la gestapo l'ordre de notre déportation à Dachau. La décision s'imposait : départ immédiat. Mon grand-père libéra les vaches, les volailles, tous les animaux de la ferme et nous sommes partis à pied vers la montagne rejoindre les groupes de maquisards que mon père connaissait. Nous laissions tout. Nous avions chacun, dans une main, un sac contenant quelques affaires personnelles et, dans l'autre, une boîte à chaussures remplie des fiches du dictionnaire arabe...

— *« Je pense que de cette boîte s'est dévidé le fil qui, toute ma vie, m'a aidée à ne pas me tromper de route. Mon fil d'Ariane... »*

1945 : La guerre se terminait, l'Union Soviétique était pour beaucoup dans la défaite du nazisme, et, comme un certain nombre d'autres émigrés russes qui s'étaient engagés dans la lutte antinazi, mon père et ma mère commencèrent à penser à un retour en Russie.

1946 : La vie reprenait. La famille revint à Paris et mon père fut réintégré dans le corps diplomatique. La première mission proposée fut l'établissement de cartes linguistiques qui permettraient de suivre les déplacements des nomades dans le Maghreb. Je partirais avec mon père, et ma mère et mon petit frère, Nicolas, nous retrouveraient à Alexandrie. Et me voilà dans une expédition composée de cinq jeeps, qui, en deux mois, devait traverser le Sahara. Expédition ethnolinguistique où l'enfant que j'étais avait son rôle. Je devais interroger les chameliers et me débrouiller pour leur faire prononcer le mot « chameau » sans l'avoir dit moi-même, les différences de termes et/ou de prononciation indiquant l'appartenance du locuteur à tel ou tel groupe.

(Et l'histoire s'interrompt pour laisser place à des vocalisations chamelières...)

1946-1949 : Mon père est nommé Conseiller culturel au Caire. C'était une époque où la vie culturelle, dans la capitale comme à Alexandrie, était étonnamment riche et variée. L'élite égyptienne, souvent anglophone ou francophone, était créative, imaginative, incroyablement ouverte sur le monde. Se retrouvaient en Égypte des universitaires, des savants, des aventuriers de toutes sortes, attirés par les monuments et la culture de l'ancienne Égypte, mais aussi par les vestiges de toutes les cultures qui s'étaient déposées en ces lieux, grecque, latine, chrétienne, copte, turque... La maison ne désemplissait pas. Parallèlement à ses fonctions de Conseiller culturel, mon père menait ses recherches. Le déchiffrement des pétroglyphes le passionnait.

Il se trouve que le consultant du musée central du Caire était russe, Vitkentiev, et que l'attaché culturel en poste à l'Ambassade d'U.R.S.S. était l'égyptologue M. A. Korostovtsev. Ils devinrent amis et formèrent une équipe de travail très productive. Ce fut pour mon père une riche période où il commença, en particulier, à élaborer les premiers modèles de déchiffrement du méroïtique.

À la suite de la visite en Égypte du Patriarche Alexis Ier, pour des raisons diverses *(et surtout de fausses raisons trop longues à raconter)*, le moine Alexis Dekhterev, l'ancien chef scout de Constantinople, officiant alors à Alexandrie, fut incarcéré. Mon père participa activement à sa libération et Alexis Dekhterev fut rapatrié en U.R.S.S. par les autorités soviétiques. Il n'en fallut pas plus pour que mon père soit considéré par certains comme « dangereusement pro-soviétique ». Sans attendre les éventuelles décisions administratives il démissionna.

1949 : Mon père était depuis longtemps en relation avec les Jésuites de la revue *En Terre d'Islam* qui l'invitèrent alors à travailler sur les manuscrits arabes de la Bibliothèque vaticane. J'avais treize ans, et la vie me paraissait naturellement faite d'arrivées et de départs successifs, d'aventures et de découvertes. Nous ne sommes restés qu'un an au Vatican. Mon père avait pris la décision de poser sa candidature dans plusieurs universités. Le même jour, arrivèrent deux propositions, l'une venant d'une université américaine, l'autre de l'université Charles à Prague. Ce fut Prague.

À l'université Charles, mon père enseignait l'arabe littéraire, le dialecte arabe égyptien et dirigeait un séminaire sur l'épigraphie ouest-arabique. C'est à Prague qu'il a soutenu sa thèse de doctorat. Moi, j'étais au lycée français. Je me souviens de mon professeur de lettres qui nous faisait apprendre des poèmes et encore des poèmes. Je les ai tous retenus :
— « *Souvent je vois au ciel des plages sans fin couvertes de blanches nations en joie. Un grand vaisseau d'or agite ses pavillons multicolores sous les brises du matin...* »
« *Mais, à suivre trop loin Rimbaud, nous risquons de nous égarer... Reprenons !* »
Notre vie était très animée. Il y avait à Prague de nombreux Russes qui, reconnaissants à l'Union Soviétique d'avoir été pour

beaucoup dans la défaite du fascisme, souhaitaient rentrer dans leur patrie. À la maison, les allées et venues étaient incessantes : des enseignants, des écrivains, des acteurs, des religieux... Tous attendaient leur visa, que les autorités soviétiques tardaient à leur délivrer. En attendant, ils se racontaient leurs vies, parlaient, lisaient, dansaient... Et ils se demandaient pourquoi ces autorités-là les faisaient patienter si longtemps... »
— « *Tu vois, il y aurait un livre entier à écrire, sur les Russes à Prague dans ces années-là !* »

Hiver 1951 : Nous arrivons à Moscou. On nous installe dans un hôtel, et... le Vide... Ils nous évitaient, tous ! On avait promis à mon père un poste d'enseignant en université, il attendait. Nous passions nos journées dans les musées. Nous les avons tous faits ! Et je me souviens encore du rire inextinguible de mon père devant ce grain de riz chinois, exhibé à la pointe d'une minuscule aiguille, sur lequel avait été calligraphié le *Manifeste du Parti communiste*. Les « anges gardiens » qui nous suivaient pas à pas avaient beau prendre un air de menaçante réprobation, rien ne pouvait arrêter le rire de mon père... Et, un jour, enfin, il apprit qu'il était nommé à Tachkent où il aurait à travailler sur un des manuscrits du canon d'Avicenne récemment découvert.

Pour obtenir le passeport nécessaire au voyage, il fallait justifier d'un lieu d'habitation à Tachkent, et, pour y avoir un lieu d'habitation, il fallait aller à Tachkent. Or, nous n'étions pas autorisés à quitter Moscou... La banque où étaient déposées les devises rapportées de France chargea de l'achat un des ses employés.
— « *Un autre livre encore à écrire sur les étonnements et les perplexités des tout nouveaux citoyens soviétiques que nous étions...* »
Bref, nous arrivons à Tachkent au printemps 1952. La maison de pisé achetée au prix fort était une coque vide au bord d'un

marécage. Ma mère parlait le turc, savait convaincre, et ne baissait jamais les bras. Elle trouva rapidement des ouvriers qui firent de cette « chose » une maison habitable. Mon père, lui, passait ses jours à l'Institut des Études arabes et orientales d'Ouzbékistan. Printemps 1953 : mort de Staline. Dès l'été suivant, mon père était intégré au groupe de travail qui traduisait et commentait le *Livre des médicaments simples* du *Canon des sciences médicales* d'Ibn Sina, dit Avicenne, et il commença une nouvelle thèse. Il était passionné par la vie et les œuvres des trois grands philosophes de l'Orient : Al Farabi, Ibn Sina et Al Birouni (X^e et XIe siècles).

La vie à Tachkent n'était pas facile, l'attitude des uns et des autres envers les nouveaux venus incongrus que nous étions était à tout le moins distante et prudente.
— « *Espions français ? Agents du KGB ? Cette double interrogation, toute notre vie, a distrait une partie de ceux qui nous connaissaient...* »
Mais l'érudition, la passion de la recherche et la gentillesse naturelle de mon père eurent raison des contraintes et des interdits. Des relations d'estime, de confiance et d'amitié se créèrent bientôt avec ses collègues et ses élèves. En 1954, grand changement ! Les ré-émigrés que nous avions connus à Prague apparurent à Tachkent. À leur arrivée en Union soviétique, ils avaient été envoyés en Asie centrale dans des fermes en majorité peuplées de Coréens et, dès qu'ils avaient pu se rendre à Tachkent, ils s'étaient précipités chez nous. Il y eut dans notre maison jusqu'à quinze personnes, campant dans le couloir, sur les terrasses, en attente d'un logement et d'un travail en ville.
Il y avait aussi les Grecs. Ils s'étaient battus contre le fascisme aux côtés des communistes et on leur avait offert un visa pour l'U.R.S.S. Des gens d'une grande culture, écrivains, acteurs, dramaturges. Et puis arrivèrent ceux qui sortaient des camps et ceux qui revenaient de Paris, de Londres ou de Berlin. Les récits des uns et des autres emplissaient nos jours et nos nuits.

— « Ces récits sont mon trésor, ils sont pour toujours intacts en moi ! Je les raconterai peut-être un jour, mais c'est encore une autre histoire ! »

En 1957, à l'occasion d'une conférence, mon père retrouve à Moscou son ami du Caire, Korostovtsev, qui décide de tout faire pour lui obtenir un poste à Moscou. En 1961, nous quittons Tachkent et nous nous installons dans la capitale. Jusqu'à la fin de sa vie mon père a travaillé à l'Institut des langues orientales de l'Académie des sciences. Il a formé nombre d'étudiants dont certains sont aujourd'hui des chercheurs de renommée internationale. L'histoire s'est pour lui arrêtée en 1979.

— « Moi, j'avais épousé mon peintre à Tachkent en 1960 et nous avions, nous aussi déménagé à Moscou, mais là encore, c'est une autre histoire ! Celle de ma vie d'enseignante de français à l'Université qui, grâce à mes élèves, grâce aussi aux Français, lecteurs et lectrices qui s'y sont succédé, a été pour moi un grand bonheur ! »

Beaucoup, directement ou indirectement se sont souvent interrogés sur le retour en U.R.S.S. de mes parents, sur ce qu'ils pensaient des événements dont ils étaient témoins. Ils en parlaient peu, ce qui ne les empêchait pas d'être d'une grande lucidité. Il me semble que, par ses études, par choix, par une grâce, peut-être, qui lui était propre, mon père avait spontanément pour référence historique la longue histoire de l'Aventure humaine... Les événements immédiats étaient ce qu'ils étaient. Peu compréhensibles, comme toujours, pour ceux qui les subissaient. Ils passeraient. Et, au bout du compte, ils avaient peut-être peu de sens. »

— « Moi ? Moi, je ne regrette rien. Malgré toutes les épreuves, les difficultés, qui pourraient, à elles seules, remplir plusieurs volumes... J'ai eu une vie intéressante. Très intéressante ! »

— « Tu penses que tout cela fait un article pour une revue très sérieuse ? Je n'ai même pas expliqué ce qu'était le méroïtique et *l'originalité des travaux de mon père concernant cette langue qu'on parlait dans le Royaume de Koush, en Haute Nubie (l'actuel Soudan) à la fin du IIIe millénaire avant notre ère, langue que l'on commence à peine à déchiffrer.* »

À refaire, sans aucun doute.

Jeudi 8 octobre

C'est donc aujourd'hui la fête du centenaire de Youri Nikolaïevitch à la *Maison de l'Émigration russe*. Beaucoup de monde, des orientalistes, des amis de toutes les vies de Claire et de sa famille.

Près de deux cents personnes dans la grande salle de réunions. Les anciens élèves de Youri Nikolaïevitch, aujourd'hui chercheurs, enseignants, responsables de chaires, se succèdent au micro. Tous disent combien ses travaux ont compté, et combien sa personnalité les a marqués. Saïd Kiamilev, aujourd'hui directeur de l'Institut des études islamiques de Moscou en parle avec reconnaissance et affection :

— « *Il n'avait pas besoin d'être dissident, il portait en lui une telle liberté que sa seule présence imposait, de fait, un autre monde. Il lui suffisait d'être. À son contact, chacun, naturellement, actualisait ce qu'il avait en lui de plus créatif, de plus libre, de plus autonome…* »

À retenir.

Dans le cocktail qui suit, je retrouve d'anciennes élèves. Elles ont 45-50 ans maintenant ! Belles et rieuses. Elles n'ont rien oublié. Moi si ! Macha me rappelle ce soir d'hiver où j'avais annoncé que je lirais chez Claire des poèmes. (À cette époque-là, on pouvait traverser tout Moscou en hiver pour entendre lire des poèmes.) Ils et elles étaient une quinzaine, alors que j'attendais cinq ou six amis. J'avais commencé ainsi :

— « *Plume déjeunait au restaurant, quand le maître d'hôtel s'approcha, le regarda sévèrement, et lui dit d'une voix basse et mystérieuse : ' Ce que vous avez là dans votre assiette ne figure pas sur le menu '. Plume s'excuse...* »
Et je n'avais pu aller plus loin, interrompue par un hurlement de rire général. Texte « revisité », devenu soudain vigoureuse satire de la relation client-serveur du moment... Tous les textes qui suivaient me sautaient aux yeux comme autant de petites bombes ! Michaux en hyper-réaliste !

Vendredi 9 octobre

Me voilà guide pour ceux venus de France qui ne connaissent pas Moscou.
La place Rouge. J'aime la place Rouge.
Et puis la place du Théâtre. L'hôtel Métropole. Aujourd'hui les chambres y coûtent de 600 à 1 000 euros. Velours rouges et lustres de cristal. Mais la vendeuse qui tient le comptoir des cartes postales n'est pas là. Les portiers, complaisants, font deux pas au dehors au cas où elle serait près de l'entrée. Il n'est pas désagréable d'attendre ici. Elle arrive. Elle n'a pas de monnaie, nous attendrons. Et nous aurons ce que nous voulions : Lénine, Staline, les deux komsomols, ensemble assis sur une balançoire, et quelques autres aux chemises roulées sur des bras musclés et au regard honnête et franc, fidèles reproductions des cartes et affiches de l'Époque. Seul endroit où j'ai repéré qu'elles sont en nombre à côté des fac simili des journaux et des tee-shirts estampillés Lénine ou Staline. Amuse-gueules du grand luxe !
Le Bolchoï est couvert d'échafaudages, entouré de grues et de foreuses. Victor, avec lequel je traversais récemment la place, me disait :
— « Là, sous nos pieds, passe une petite rivière, la Niglinka qui se jette dans la Moskova. Dans les années Trente elle a été canalisée

dans d'énormes tuyaux de fonte qui, avec le temps, sont devenus poreux. Tout le sous-sol est imbibé d'eau et le Bolchoï s'enfonce, tout doucement... Problème : On ne peut pas laisser le Bolchoï s'enfoncer, mais si on pompe, on fragilise dangereusement les sols et le risque est plus grand encore.

Tu vois, c'est exactement le drame du pays tout entier : le bourbier ! Mais si on pompe la merde on prend le risque de tout déstabiliser...

Musée d'art contemporain, rue Pétrovka. Dans la cour une grande exposition de Zourab Tsereteli, le sculpteur géorgien très en cour, qui, sur la petite île de la Moskova, a mis Pierre le Grand en gloire sur le voilier de Christophe Colomb. Une Sainte Nina de quelque trente mètres de haut, clone de la statue de la Liberté, brandit au bout de son bras tendu une croix dorée. Boukovski, Sakharov, Visotsky : sculptures héroïques qui rappellent étrangement les Sverdlov ou Dimitrov... Et tout un petit peuple de Géorgiens moustachus. (Quelle idée !)

À l'intérieur, l'exposition *Tradition de non conformisme*. Riche tradition, méconnue en France. Une « installation » retient mon regard : sur un fond brouillé, un autel recouvert de dentelles sur lequel s'alignent quantités d'inégales bouteilles vides, toutes embouchées d'une bougie éteinte, souvent affaissée. Démultiplication des offrandes du vide à l'absence ? C'est du moins ce que j'ai envie d'y voir. Peut-être parce que nulle part, jusqu'à présent, je n'ai vues, exprimées publiquement, les moindres interrogations sur une religiosité exhibée sans pudeur et sur l'autorité fastueuse de l'Église orthodoxe.

Pourquoi ce silence ? J'ai le sentiment confus qu'il s'agit là d'un comportement « culturel » très archaïque. Dans l'espace social, on ne se prononce pas contre ce qui est l'autorité du moment. Point là de censure « idéologique », de crainte particulière, mais une censure « éthique » en quelque sorte. Cela ne se fait pas. L'appartenance au groupe l'emportant sur l'option individuelle ? « Être comme les autres » ? Cet unani-misme dont parlait Nathalie l'année passée, dont parlait Claire à propos de Boris le Tatar ?...

Ce soir, nous serons onze à table, et peut-être douze, et peut-être treize. Il faudra alors que nous soyons quatorze... L'acteur qui jeudi, lors de la fête, a lu des passages du journal de Youri Nikolaïevitch sera avec nous. Claire tient à ce que nous entendions les textes qui, faute de temps, n'ont pu être lus. Et, comme j'ai traduit ces extraits l'année passée avec elle, je comprends tout !

« *...Je me vis depuis longtemps comme un être double et même triple. Comme s'il y avait en moi trois « hypostases » de mon moi, trois personnes distinctes. Il y a bien sûr, Serguei, le Serguei de toujours, mais dès que je commence à entrer dans la mentalité occidentale, je deviens un vrai Français, alors qu'au fond de moi je ne me sens pas un vrai Français. Mais, je me transforme, je deviens autre, j'entre dans la peau d'un autre. Je ne suis plus ce que j'étais et je me nomme alors Transaquarius, ce qui est tout simplement la transcription latine de mon nom de famille.*

Mais voici que je vais en Orient et que je deviens un autre encore dans mon corps, un autre dans mon esprit. Cette transformation, cette renaissance, génèrent un tel changement que j'ai l'impression que tous mes os ont été mis dans un sac et vigoureusement secoués ! Et j'ai besoin d'un nouveau nom pour dire cet être-là ! Je l'ai appelé Maveranahri, la transcription arabe de mon nom de famille.

Serguei, Aquarius, Maveranahri, je n'ai pas une seconde d'existence en dehors de ces trois êtres-là, mais chacun a la faculté de s'éloigner de moi et de vivre seul sa propre vie. Je dirais même que chacun a la possibilité d'aller plus avant dans sa propre vie et de connaître des choses que moi, Serguei, j'ignore, alors que Transaquarius ou Maveranahri les connaissent depuis longtemps déjà... »

N'est-ce pas dans cette extraordinaire capacité d'identification à une autre culture que s'origine l'intuition cognitive, soulignée par tous ses anciens élèves, qui aurait permis à Youri Nikolaïevitch de proposer les pistes du déchiffrement du méroïtique prises en compte, aujourd'hui encore, par les chercheurs ? Pour comprendre : s'identifier à, devenir l'autre...
En aparté : N'est-ce pas le cadeau que me font ici mes amis en m'accueillant dans leur intimité ?

Notre acteur nous a fait une petite surprise : les *Nouvelles* de Tchékhov. Entre chaque plat, une nouvelle ! La voix seule suffit à faire entendre. Il lit remarquablement bien, ce monsieur.

Éclat intact de XIXe siècle, ici même, aujourd'hui...

Plus tard dans la soirée je me rapproche de Sacha et d'Alexandra, spécialement venus de Petersburg pour la fête. Alexandra raconte... Présence rémanente de la seconde guerre mondiale.

— « *J'étais à Leningrad pendant toute la durée du siège. Le jour anniversaire de la levée du siège, chaque année, toute la famille se réunit chez moi. Chaque année, le 27 janvier. On mange, on boit et on raconte. On raconte les 900 jours du siège. Je suis persuadée que mes petits-enfants continueront cette tradition. Nous nous réunissons aussi le 9 mai, le jour de la fête de la Victoire, pour nous le 9 mai 1945. Et je pense que pendant longtemps encore, du moins dans notre famille, ce jour sera célébré. Ces quatre ans de siège ont été terribles, mais, curieusement, je n'en ai pas que de mauvais souvenirs ! La faim, le froid, la peur, bien sûr ! Mais aussi une extraordinaire solidarité. Ma mère était parvenue à faire pousser des carottes et des navets dans la rue, dans le petit carré de terre qui entourait l'arbre devant la porte de notre immeuble. Je n'ai jamais mangé d'aussi bonnes carottes ! Et personne n'a jamais volé nos légumes ! Jamais ! On ne volait pas.* »

Samedi 10 octobre

Ils sont tous repartis. Je reste.

Il est huit heures du soir, je suis dans la cuisine avec Valéry et il commence à raconter, lentement, en buvant son thé. Tachkent, les Grecs, les réfugiés... Je connais. Mais je n'avais pas encore entendu le passage de Soljenitsyne à Tachkent où il était venu consulter ses médecins. Il avait voulu voir le tableau *Tchaïkhana grenat* du père Volkov dont il avait entendu parler.

— « *Il nous a raconté qu'il avait été invité à l'improviste par l'antenne locale du KGB pour parler de son livre :* Une journée d'Ivan Denisovitch. *Son public de flics lui avait dit : ' Vous savez, ce que vous racontez est terrible, mais, hélas, il y a eu bien pire !* '

Il avait beaucoup aimé la Tchaïkhana grenat *mais il avait aussi beaucoup aimé un de mes tableaux qu'il avait aperçu, posé là, dans l'atelier.* »

Valéry se lève soudain et va dans sa chambre où je l'entends déplacer, remuer, remettre... Il revient avec le tableau : un portrait de Béki Emirovitch Berdiev, forte personnalité et figure politique majeure dans le Turkménistan des années Vingt.

— « *Dans les années Trente le pouvoir du Turkménistan lui avait demandé de signer une déclaration reconnaissant que, s'il avait maintenu le peuple turkmène à l'écart de la guerre civile, c'était moins pour préserver son autonomie que pour faciliter son intégration dans l'Union Soviétique. Berdiev avait refusé : 10 ans de camp. À son retour, même demande, même réponse : 10 ans de camp.* »

Regard calme et profond de cet homme. Indomptable. Et surtout absolument présent ici, aujourd'hui, maintenant, avec nous.

Pourquoi nos peintres ne font-ils plus de portraits ?

Claire interfère :

— « *Bien sûr qu'il y a eu des monstruosités ! On le sait ! Mais il y a eu aussi dans toute cette période des histoires extraordinaires,* inattendues, drôles ! J'ai connu à Moscou dans les années soixante un minotier qui, lors de l'exposition universelle de 1899 à Paris, était tombé amoureux d'un parquet de marqueterie fait de bois précieux. Il l'avait acheté, rapporté à Moscou, et il avait fait construire un hôtel particulier autour de ce parquet qui, sous la coupole, occupait le centre de la nouvelle demeure. Après la Révolution, les bâtiments habitables ont tous été investis par une population venue des campagnes. L'hôtel particulier du minotier n'a pas été épargné, une dizaine de ' locataires ' s'y sont installés, mais personne n'a voulu de la grande pièce sous la verrière. Inchauffable ! Notre minotier est donc resté là, avec son parquet et sa vieille mère qui, pour se protéger du bruit et de la fureur environnante, avait demandé en 1918 qu'on tirât les rideaux. Ils n'ont jamais été ré-ouverts.

Après la Révolution le minotier s'est fait antiquaire, c'est ainsi que nous l'avons connu. Nous n'avions pas d'argent, nous achetions des bricoles, mais un jour de confiance, il a poussé son lourd bureau de bois noir et, sous le meuble, est apparu un lumineux carré de marqueterie, un parquet fleuri d'étoiles. Ce jour-là, je lui ai acheté le petit guéridon du salon. Il me manquait trente roubles et il m'a fait crédit. Je suis revenue quinze jours plus tard, il était mort !

Mes amis, si je meurs avant vous, mettez les trente roubles dans ma main droite, je les lui rendrai là-haut ! »

Dimanche 11 octobre

La nièce de la vieille dame entreprend des travaux. Je suis obligée de déménager. J'irai au centre-ville, dans l'appartement d'Elizabeth qui travaille en Italie jusqu'au printemps prochain. Taxi, dimanche, ça roule bien.

Immense ville qui n'arrive pas à « prendre », inachevée, mitée, trouée. Terrains vagues, résidences, entrepôts, toits métalliques approximatifs, clôtures rouillées, plaques de béton de guingois, larges blessures ouvertes par les voies de chemin de fer, constructions neuves démesurées, une église, des échangeurs, plusieurs bâtiments d'habitation... Comme partout, dira-t-on ! Peut-être, mais plus encore ! Aucun principe directeur, organisateur. Celui qui a besoin prend. L'espace est immense, il y en a pour tous. Sereine absence des pouvoirs publics.

Le deux pièces d'Elizabeth a été récemment refait. Ikea est passé par là. Premier étage : encore les pieds sur terre. D'un côté, la rue et le métro, juste en face. Quelle chance ! De l'autre côté, la cour-jardin. De grands arbres dorés, une herbe encore verte et un chien berger. Il suit longuement les passants du regard. Un des nombreux chiens abandonnés dans la ville.

Je serai très bien ici.

Lundi 12 octobre

Je suis réveillée par la pluie et un bruit léger de tôles agitées. Côté rue, le toit métallique de l'échoppe sous ma fenêtre est soulevé par le vent en petites tapes régulières. Je n'avais pas remarqué hier soir le fauteuil de plastique rouge qui gît là, retourné sur les tôles. Côté cour, un grand coup d'automne. La lumière a été plaquée au sol. Pour éviter les flaques, la boue, deux jeunes femmes, en talons très hauts, avancent avec sûreté sur le rebord étroit du trottoir. Sympathique, cette cour, rien n'y est droit, tout gondole : les bordures métalliques de la pelouse, les auvents au-dessus des portes d'entrées, tous à des hauteurs différentes, les tuyaux le long de la façade, les tiges des lampadaires...

Je dois changer de l'argent.
Première banque, non loin des Trois Gares : Porte blindée, cage étroite. Le caissier :
— « Nous n'avons plus de roubles. »

Je pense avoir mal compris. Je réitère ma demande. Pas de réponse, mais le regard qui m'est adressé suffit... Je vais voir plus loin.
Porte blindée, cage étroite, deuxième porte qui se referme automatiquement sur moi.
— « Vous êtes Géorgienne ?
— Non ? Ah bon, j'aurais cru, vous avez l'air 'géorgienne'. Votre mari est avec vous ?
— Oui.
— Quand vous aurez besoin d'échanger venez me voir, venez ici, nous faisons un change très intéressant. »
Il y a peu d'étrangers dans ce quartier...

Papeterie :
— « Ah, vous avez beaucoup de monnaie, donnez ! Il manque un rouble pour faire 10. Regardez dans votre poche ! Regardez mieux, dans l'autre ! Vous n'habitez pas loin ? Alors venez ici quand vous voulez. Venez boire un thé avec nous ! »

Mardi 13 octobre

J'ai décidé de prendre, enfin, des leçons de russe. Je comprends tout ce qui se dit dans l'espace domestique mais que de difficultés encore pour m'exprimer librement ! Nadia a téléphoné à Larissa, je commence avec elle aujourd'hui.
Et nous parlons, elle me fait parler, et nous rions, beaucoup. Quelle vitalité, quelle énergie. Les mots viennent.
Je sors fatiguée. J'irai déjeuner dans « mon » hôtel qui se trouve tout à côté, l'hôtel *Universitietskaia*, celui où j'ai vécu pendant trois ans, de 1982 à 1985. Je pousse les lourds battants vitrés ; j'aimerais être un peu émue, je ne le suis pas.
Icônes et portraits me sautent à la figure. À ma droite portrait en pied du Patriarche Cyril. À ma gauche, portrait en

pied du Patriarche Alexis. Face à moi une très grande icône, enchâssée dans un lourd réceptacle de bois. Près du vestiaire (voilà pourquoi l'entrée s'est réduite, autrefois il n'y avait pas de vestiaire !), un tableau (XIXe siècle ?) représentant une procession bardée d'icônes autour des murs de la Ville Sainte. Le grand restaurant a été détruit. Les images reviennent... Nous y mangions matin et soir. Je n'avais jamais pu m'habituer aux betteraves et aux cornichons du petit déjeuner, ni aux galettes de pommes de terre à l'oignon. Le matin, je me contentais donc de ma louchée de caviar noir. Le soir, tous les soirs, orchestre et danse sur la piste ronde, devant les tables. Nous avions prié, supplié qu'ils nous servent plus rapidement que les autres, nous les seuls cinq résidents permanents de l'hôtel, nous qui ne dansions pas ! Ils n'avaient jamais plié ! Soit nous mangions en deux heures, comme tout le monde, et quasiment toujours le même menu dominé par les brochettes à l'oignon, soit nous nous débrouillions autrement. C'est ainsi qu'ont commencé mes nombreuses amitiés moscovites.

Aujourd'hui, dans la petite salle qui a remplacé l'ancienne, mes côtelettes avec kacha me seront servies en moins d'une demi-heure. Ce qui me laissera le temps de regarder les infos à la télé. Poutine est à Pékin, reçu avec faste. Tapis rouge, tirs de canons, honneurs militaires, etc. Ils exploiteront ensemble la Sibérie, organiseront de nouveaux gazoducs vers la Chine, ils coopèreront dans tous les domaines. Et Poutine inaugure à Pékin le Centre culturel russe avec Popes dorés et barbes à foison...

Hilary Clinton est à Moscou, accueillie par Medvedev et Lavrov.

Retour en tramway vers le métro, la même ligne qu'autrefois. Ça bouchonne, nous avançons au pas. Sur la droite, terrains vagues bouleversés. Zones détruites ? En construction ? La ville a proliféré très loin. La ville ? Il y a là-bas, presque indistinctes, de très hautes constructions. Si hautes que les nuages gris s'y prennent les pieds.

— « *Autrefois il y avait là une ville, mais les espaces infinis qui l'entourent ont une telle force corrosive qu'ils ont pénétré la ville et l'ont rongée. Ils l'ont rongée comme l'acide ronge le calcaire. N'ont résisté que les plantes vénéneuses, celles qui poussent plus haut, plus fort, plus brutal que les autres. Voilà pourquoi une ville sans limites, sans bornes, sans contours, une ville qui ne ressemble à aucune autre...* »
Début du conte fantastique que je n'écrirai pas.

Retour à la Base. On me nourrit. Je sors du restaurant, mais peu importe !

Les infos à la télé. Les Funérailles de *Yaponchik*, un des grands truands du pays. Cercueil porté par six hommes. Une foule d'hommes en noir, au moins 500 personnes. Forces de police déployées. Des quantités, des quantités de fleurs. Une couronne si large qu'elle avance poussée sur un chariot à bras ! Visages fermés, long travelling sur les voitures blindées parquées à l'entrée du cimetière. Le reportage se poursuit pendant une demi-heure au moins.

Je m'étonne, mais qui était donc ce Monsieur ?

— « *Tu vois, c'était un de nos grands, grands truands ! Mais on dit dans les journaux que c'était un des derniers à avoir et à faire respecter le code d'honneur de la Mafia. Un de la vieille école en quelque sorte ! (rires). Ce doit être la raison pour laquelle l'émission est aussi longue ! Un exemple à suivre !...* »

Entre Génia :

— « *Yaponchik ? Vous verrez, le prochain, ses obsèques auront lieu dans la cathédrale du Saint-Sauveur ! Le plus drôle, entendu à la radio : Une lettre vient d'être signée par 30 gangsters, présentement sous les verrous, qui demandent l'exécution du chef de Mafia considéré comme le commanditaire du meurtre.*

C'est quoi, ça, les funérailles d'un héros national ? Le tournage d'un film ? »

Je m'étonne encore :
— « Mais tous ces hommes qui défilent là, gravement, devant toutes les télés de Russie, tous liés aux mafias criminelles, comment est-ce possible ? Les mafias en Russie, la criminalité, c'est qui, c'est quoi ?

Pour toute réponse, ce geste de la main, très particulier aux Russes qui, d'un coup bref, chassent loin derrière eux la complexité inextricable du monde... Geste de fatigue aussi, qui me renvoie une interrogation un peu « niaiseuse », comme diraient les Canadiens. *(Soit elle sait, et alors pourquoi en parler, soit elle ne sait pas, et, alors, elle est vraiment « trop loin ». Ce n'est pas la peine !)*
On change de chaîne.

Mais, en douce, j'irai sur internet. J'y resterai jusqu'à très tard dans la nuit. C'est quand même mieux que je ne pensais. 2009 : Observatoire international de la criminalité. Statisti-ques mondiales. Homicides :
— En tête, la Colombie : 27 000 meurtres, soit 60 personnes sur 100 000.
— Deuxième : la Russie (sans la Tchétchénie), 29 000 meurtres, soit 29 personnes sur 100 000.
— Troisième : le Brésil : 50 000 meurtres, soit 24 person-nes sur 100 000.

Quand, quelques jours plus tard, j'en reparlerai avec Victor il me dira :
— *« Je t'ai déjà expliqué ça l'année passée : en 1991 il y a eu une véritable ' ruée vers l'or '. Tous ceux qui le pouvaient ont pris. C'était bien vu, c'est ce qu'on a appelé ici le ' marché libre '. Un des moteurs du marché, comme tu le sais, c'est la concurrence. Chez nous ' l'effet concurrence ' se résout simplement : on élimine le gêneur. C'est tout. Tu les vois dans la rue, ils se promènent tous avec un garde du corps de chaque côté ! Et tous les étrangers sont amenés à en faire autant ! Y compris le représentant français de* Ricard *que nous avons*

rencontré ensemble, l'année passée, à l'expo Volkov avec ses deux gardiens ! Ce qu'on appelle la Mafia, c'est aujourd'hui plus de 5 000 groupes identifiés de criminels (Russes, Tchétchènes, Géorgiens, Ukrainiens, Juifs israéliens originaires de Russie, Ouszbeks, etc. et autres représentants d'intérêts divers…) quelque 100 000 personnes, qui contrôlent, dit-on, près de 40% de la richesse nationale et qui, bien sûr, règlent leurs comptes au couteau, ou… au char d'assaut… Oui, oui, oui… (rires).

Le dernier rapport de Transparency International qui vient de paraître sur l'état de la corruption dans le monde classe la Russie au 146e rang sur 177 pays étudiés ! Entre la Sierra Leone et le Zimbabwe ! Près de 40 % du PIB qui échapperaient au contrôle des pouvoirs publics ! Tu vois, le mot de corruption est ici totalement inadapté. Avec les chiffres donnés aujourd'hui, il s'agit de tout autre chose… 40 % ! Nous sommes passés dans la 4e dimension… (rires).

Le pouvoir ? Impuissant ! Medvedev fait régulièrement de grandes déclarations : ' Il faut des mesures radicales pour moderniser ce pays arriéré et corrompu '. En fait, tous les appareils d'état, toutes les structures de production et de distribution sont atteints. Au bout du compte, ce qui est en cause c'est la capacité même de l'État à maintenir son autorité, à se maintenir, tout simplement ! Hélas, d'une certaine façon, on pourrait dire qu'ils ne contrôlent pas le pays ! » (rires).

Long silence.

— « Pour de multiples raisons, nous n'arrivons pas à être une société ' civilisée ', la ' civilisation ' se condense dans l'espace domestique, dans des espaces culturels clos, délimités, et elle y atteint alors une densité, une intensité peut-être plus grandes encore qu'ailleurs… Mais la violence, la brutalité plutôt, est à l'extérieur. Beaucoup n'y résistent pas. Suicides : 2e place dans le monde, environ 50 000 par an. Décès dus aux accidents de la circulation : 1re place dans le monde, environ 35 000. Si on ajoute les 30 000 personnes

assassinées, on obtient un total annuel de morts violentes qui tourne autour de 110 à 120 000 personnes. Sans compter ceux tués par la drogue : plus de 30 000 par an, pouvait-on lire récemment sur le site de Ria Novosti. Ça fait beaucoup, beaucoup de monde !
C'est très, très, très triste ! »
Long silence.

— ???

J'ai rapporté tout cela à la Base, dans la cuisine du petit déjeuner. Commentaire :
— « ...*Ne crains pas dit l'Histoire, levant un jour son masque de violence. Ne crains pas ni ne doute, car le doute est stérile et la crainte est servile. Écoute plutôt ce battement rythmique que ma main haut imprime, novatrice, à la grande phrase humaine en voie toujours de création. Il n'est pas vrai que la vie puisse se renier elle-même. Il n'est rien de vivant qui de néant procède, ni de néant s'éprenne...* »
« Tu vois, ce texte de Saint-John Perse, dont je ne me souviens plus d'où il vient, je l'ai dit chaque année à mes élèves. Chaque année. » *(rires).*

Mercredi 14 octobre

12 degrés au thermomètre sur la fenêtre. Douceur du ciel. Je vaque. Je fais les courses au Ramstore où, déjà, se mettent en place les Noëleries faites en Chine... Dans l'après-midi je rejoins mon nouveau « chez-moi ». Il fait beau, les jeunes sont en tee-shirts. Sur la place près du métro plusieurs chantent, accompagnés de leur guitare. Image idyllique, heurtée par le ferraillage des tramways qui arrachent péniblement leur tournant dans le carrefour. Les mêmes qu'il y a trente ans.

J'ai tout mon temps. Donc, grammaire russe !
« *Zamyjem* » : *Mariée*, adverbe invariable. Ne s'emploie que pour les femmes. Littéralement, « *derrière le mari* », *celle qui est sortie de la maison paternelle derrière le mari*. Adverbe, donc ne qualifie pas la personne, modifie un état, une situation. Inexistante, absente, la Sujette...
« *Jenat* » : *Marié*, adjectif. Ne s'emploie que pour les hommes. Littéralement : « *Je suis femmé* ». La femme devient mon attribut...
Traces fossilisées dans la langue de mœurs très anciennes. Ou, peut-être, juste un peu anciennes ?
« *Menia zavout Ania* » : Je m'appelle Ania. Littéralement : « *Ils m'appellent Ania.* » Mon nom me vient porté par la voix des autres. Les autres par leur voix me donnent existence. Je dépends d'eux au plus intime de moi-même : mon nom... Me voilà affirmé, confirmé par l'autre !
« *Mi c'bratom* » : Mon frère et moi. Littéralement : « *Nous avec mon frère* ». Le Je avalé dans le Nous avant même d'en être distingué...
Absence du sujet dans toutes ces formes impersonnelles qui abondent et qui disent le froid, le plaisir, l'intérêt, la souffrance, etc. « *A moi il arrive du plaisir, de la joie, de la peur, de l'intérêt...* ». Je suis le lieu où se produisent des événements venus d'ailleurs et que je constate. L'initiative ne m'appartient pas. Initiale passivité...
Ces particularités de la langue, je les ai depuis longtemps intégrées, je ne les entends plus, mais comme ces choses très familières qu'on redécouvre parfois, neuves, à l'occasion d'un simple geste, elles s'imposent aujourd'hui dans leur étrangeté.
Y aurait-il là les traces visibles d'une très ancienne forme d'appartenance indistincte au groupe, dont la rémanence serait encore perceptible dans ce « besoin-d'être-comme-les-autres » qu'à l'occasion ils évoquent tous, plus ou moins directement ?
Interrogations qui méritent des relais.

J'ai passé la soirée avec Leroy Beaulieu, Nivat, qui consacre tout un chapitre de son livre *Vivre en russe* à l'interrogation : Qu'est-ce que la Sobornost ? « *Cette marque de l'originalité de l'être-ensemble russe* ». C'est dans *La Faucille et le rouble* du sociologue et démographe russe Anatole Vichnevski que je trouve les analyses qui formulent mes confuses perceptions : *l'Homme holiste.*

— « *Dans les sociétés rurales, relativement simples, peu différenciées et peu efficaces (…) l'individu n'est vu qu'à travers le prisme des intérêts de la collectivité toute entière. La première place revient toujours à l'intégrité, l'indivisibilité des communautés humaines, leur existence collective, holiste, la suprématie du Nous sur le Moi.* » Et, citant Kireevski : « *En Russie (…) aucun individu (…) n'a jamais cherché à faire passer son originalité pour une qualité ; l'individu n'a jamais eu d'autre vanité que de refléter l'état d'esprit dominant de la société (…) À l'opposé, toute l'existence privée et publique de l'Occident, qui repose sur l'idée d'une indépendance individuelle et distincte (…)* »

Ceci expliquerait bien des choses.

Serait peut-être désignée ici cette « altérité culturelle » que nous avons tant de mal à cerner.

Et, serait peut-être élucidé le mystère de cette « *chaleur humaine typiquement russe* » que tous se plaisent à dire et à redire ? Là s'originerait la vitalité de l'accueil heureux fait à chacun dès qu'est franchi le seuil de la maison : le Moi accueilli par le Nous, faisant immédiatement partie du Nous, accepté et aimé pour ce qu'il est, quels que soient ses défauts, ses qualités et ses limites.

Le Moi accepté pour ce qu'il est… le Moi, dans ce premier accueil, n'ayant rien à prouver, reconnu d'emblée… « *Les rives de la Moskova sont très loin des rives de la Seine.* »

Mais on touche là aux zones obscures où la vie s'invente, et où le risque de « déparler » est grand. Laissons mystère en ces lieux…

Jeudi 15 octobre

Temps très doux, soleil heureux à travers les dernières feuilles. Peut-être un des derniers beaux jours. Dehors ! Tout droit.
Un immeuble de huit étages. Les balcons ont tous été diversement aménagés par les occupants : un abri de bois, un système de suspension de vélos, un meuble de rangement lui-même protégé de plastique, des plantations depuis longtemps desséchées... Un terrain vague couvert d'une herbe drue et de buissons, un immeuble d'habitation de quinze étages des années soixante. Une maison de bois, un peu tordue, dont un des côtés a été remonté en briques de récupération. Un bel immeuble du XIXe avec perron, colonnes et bas-reliefs, en cours de réfection, entouré d'une clôture de béton et de barbelés. Un jardin d'enfants boueux avec installations rouillées. Un autre très bel immeuble du XIXe, restauré, repeint en blanc et vert amande, bardé de caméras de surveillance.
Très peu de gens sur les trottoirs, presque pas de circulation, un bosquet d'arbres frémissants, un groupe de jeunes et leur prof. Je les suis. Ils coupent « à travers »... On monte, on descend sur une terre un peu glissante entre les arbustes. Bibliothèque 21 au milieu des arbres. Ils se mettent en groupe organisé pour entrer. Demi-tour. Juste derrière ce dernier immeuble de briques, les six voies d'un boulevard rugissant. Rester dans les « travers ». Un cabanon de bois, des arbres, une décharge, arbustes et buissons. Une construction non identifiable. Des arbres sortant de murs de briques défaits. L'image du site d'Angkor : la nature est la plus forte... Est ? Était ? Où suis-je ici ? Dans le passé de la ville, très certainement. Reprendre la rue jusqu'au bout. Elle est fermée par plusieurs bâtiments. Une usine, un entrepôt ? Non, une fabrique de chocolat. Trois gros camions dans la cour. La grande tranquillité de la rue a son explication !
Métro jusqu'à *Kitaï-Gorod*, un des quartiers les plus anciens de la ville. Un quartier d'artisans et de commerçants au

XVIᵉ siècle. Le *Kitaï-Gorod* dont je m'étais longtemps demandé, autrefois, ce que les Chinois avaient bien pu faire en ces lieux ! Le *Kitaï*, tout simplement un vieux terme d'origine tatare signifiant « le fort ».
J'aime aller au hasard. Au-dessus des toitures grises, les dômes rutilants. Les églises ont été récemment refaites. Rose laiteux et vert crémeux. L'enduit épais a lissé les briques. Estompées, elles font surface en douces protubérances. Églises appétissantes, larges gâteaux gaufrés, un peu douceâtres, légèrement écœurants si on s'attarde trop... Cour. Pas un bruit, deux *babouchka* sur un banc et cinq ou six chats. D'autres passages, d'autres *pereoulok*. Personne. Une odeur de terre mouillée et de moisissure champignonnée. Une vieille grille de fer forgé dont deux ou trois barreaux ont été avalés par un énorme tronc d'arbre. Un hôtel du XIXᵉ siècle en bois grisé. Rejoindre la rue. Rien n'est droit, tout gondole, mais pas une feuille, pas un papier, façades ravalées, vert amande et bleu passé, plaques de cuivre luisantes apposées près des entrées. Il est écrit *Bar, Club*. Portes closes, et, de temps en temps, deux, trois hommes, chemises blanches et costumes sombres, fumant...

Vendredi 16 octobre

Rendez-vous à 17 h avec George aux pieds de Pouchkine. J'attends, je regarde, on me regarde. Talons hauts, très hauts, bas brodés de ramages roses, chaussures blanches recouvertes de protège-chevilles en lainage moussu, souples écharpes. Toutes, absolument toutes celles qui attendent ici sont habillées avec recherche. Mon écharpe de laine rouge tricotée main et mes chaussures de marche se remarquent... George arrive, léger, il ne colle pas tout à fait au sol. George est américain, il a voyagé et travaillé dans le monde (France, Italie, Espagne, Chine, Japon) avant de s'arrêter à Moscou où il vit depuis près de quinze ans. Il parle parfaitement le français. « *Non, il ne restera pas ici...* »

Le café où nous sommes entrés est empli de jeunes paisibles. Les filles sont belles, élégantes. Musique américaine. La plupart des garçons ont devant eux des ordinateurs portables ouverts. L'un d'eux, un livre électronique. Très agréable cet endroit.

— « Comment as-tu pu passer trois ans dans ce pays sans apprendre le russe ? »

Difficile d'expliquer comment c'était « avant »... Nous étions assignés à résidence, il nous était interdit de dépasser le *Grand Koltso* (dernier périphérique), nous étions très rarement invités chez les Moscovites. Tous ceux qui devenaient nos proches étaient des francophones qui, professionnellement, avaient besoin de nous. Et puis les francophones, amis des francophones, qui avaient une lettre à poster, un médicament à obtenir, une revue à faire passer, etc. Ou alors, comme Claire, les ré-émigrés, venus de France quand ils avaient entre quinze et vingt ans, avides de livres français, de conversations en français. Je m'appliquais à apprendre le russe, bien sûr ! Je l'apprenais comme j'aurais appris le portugais. Je ne l'entendais jamais ! Pas de cafés, très peu de restaurants, souvent fermés. Je me souviens de ma perplexité devant l'affichette, un jour apposée sur l'un d'eux : *zakrit na obed*. « Fermé pour le temps du repas ». Mon incompétence à lire le russe ? Ou leur compétence à organiser leur temps de travail ?

Pas de lumières dans les rues, bâtiments gris, gris, gris... Est-ce pour cela que, sortant du métro, je ne savais jamais où j'étais ? La souris sortant de terre dans un champ de betteraves... Toujours les mêmes, tout, toujours pareil ! J'ai, à l'époque, beaucoup marché dans cette ville, mais je ne la connais que depuis mes derniers séjours. Bizarre... Et pourtant ce souvenir de ne m'être jamais ennuyée, pas une seconde ! Tenue en l'air par le seul désir de comprendre. Et par les amis... Mais mon envie d'expliquer s'essouffle vite. Finalement je ne parle « d'autrefois » qu'avec ceux qui ont vécu cette époque-là. Avec les autres, ce sentiment, toujours, de ne pas dire juste, d'être « à côté ». Trop ou pas assez.

George enseigne l'américain :

— « *Il y a ceux qui veulent travailler dans les grandes boîtes étrangères, et puis, il y a ceux qui veulent partir. Mais ce sont tous de très bons élèves.*
Mes élèves et la politique ? Ils s'en foutent de la politique, ils n'en parlent jamais. De toute façon, tu sais bien qu'ici on ne parle jamais de politique dans l'espace public ! Sinon sur le mode consensuel du rejet fatigué des 'Ils' qui nous gouvernent. Et, pour cela, quelques exclamations et quelques lourds soupirs suffisent... »

Samedi 17 octobre

Je suis réveillée par le grattement régulier du balai dans la cour. Elles sont deux et, avec de courtes balayettes de branchages, elles balaient. Une heure plus tard, plus une seule feuille. Du côté rue, tout a déjà été nettoyé. Là-bas aussi, au bout de la ligne verte du métro, on balaie. La Ville balaie. Tous les jours. Avec une obstination, une régularité, une efficacité telles qu'on s'interroge. Les rues sont nettes, rien ne traîne dans les cours, pas une feuille, pas un papier, pas un bâton.

Pouvoir exorcisant du balai ? Ce qui est visible est parfaitement maîtrisé, donc tout le reste, à l'évidence, doit l'être, non ?...

Cours de russe. J'aime beaucoup Larissa, sa drôlerie, son énergie joyeuse qu'elle booste à la cigarette sur son balcon.

— « *J'ai été mariée vingt ans, je mérite la médaille de l'héroïsme. Il était terrrrriiiblement ennuyeux !* » (rires).

Nous parlons vraiment. La démocratie en France ? Une vieille histoire, commencée dès le XIIe siècle avec l'émergence de représentants des artisans, des commerçants, des corporations,

etc. Mais je ne retrouve plus le mot russe pour « représentant ».
Larissa :
— « *C'est un mot-héros de notre langue !* » Et pour me convaincre elle prend sur son étagère l'Histoire de la langue de l'Académicien Vinogradov. « *Figurez-vous que ce mot a été censuré par le tsar, Paul I*^{er}*, au moment de la Révolution française !* Oui, le mot predstavitiel pasidil ! *le mot représentant a été mis en taule ! Excédé d'entendre sans cesse autour de lui :* 'Les représentants du peuple français ont fait, les représentants du peuple français ont décidé...' *le tsar a ordonné qu'on sortît le mot du dictionnaire et que personne ne l'employât en sa présence. Un jour où il faisait en calèche une promenade en forêt accompagné de son secrétaire Neledicki, ce dernier lui dit :* 'Voyez, Majesté, comme ces érables d'automne sont les magnifiques représentants de nos forêts.' *Neledicki dut continuer la balade à pied... Mais, surprenant, ce mot n'a été réintroduit dans le dictionnaire Dal qu'en 1882 !*
Le représentant du peuple a beaucoup de temps à rattraper ! Mais je ne suis pas sûre qu'il ait envie de courir ! » (rires).

Retour à la Base. Lumière heureuse, pour un moment encore en suspension autour des branches. Les voitures mêmes deviennent belles, éclaboussées de feuillages dorés...

À la télé, commentaires sur les résultats des élections de dimanche dernier qui, dans tout le pays, désignaient les représentants aux *Douma*, autrement dit aux Conseils municipaux. 80 % d'abstentions. À Moscou, le parti *Russie Unie* emporte quasiment tous les sièges avec 66,5 %. Il y aura trois représentants du Parti communiste qui a obtenu 12,2 % des voix. Et c'est tout. Aucun autre parti n'a dépassé la barre des 7 %. Événement : les représentants des partis d'opposi-tion ont quitté la séance de la chambre basse en signe de protestation !

— « *Le parti Russie Unie s'est approprié frauduleusement les voix des électeurs, nous ne pouvons être dans la même salle que les escrocs* », tonne Jirinovski qui a l'indignation naturellement

authentique et glorieuse ! Et on voit 135 députés frondeurs quitter la salle. Il en reste quand même 315...
Victor rigole :
— « *Cette fois ils sont allés trop loin ! Le mécontentement s'exprime, c'est nouveau, des gens sortent dans la rue, portent plainte, évidemment ce ne sont pas 'les masses'...* Et il tire de sa poche, trouvée sur internet, la déclaration d'Oleg Shein, l'opposant au maire d'Astrakhan :
— *« À la suite de falsifications massives et de méthodes criminelles, le maire sortant a remporté 65 % des voix contre 27 % au candidat d'opposition que je représente... On a volé la victoire au peuple d'Astrakhan, à ceux qui pensent librement et qui font preuve d'un sens de citoyen. »*

Mais ce qui est le plus triste, ajoute-t-il, c'est la réflexion qui suit, d'un certain Dimitri : « *C'est fini, je ne mettrai plus les pieds dans un bureau de vote.* »

Quelques jours plus tard Anatole, 75 ans, professeur d'université à la retraite, nous dira :
— « *Je suis allé voter, je suis entré dans le bureau de vote, et puis j'ai rebroussé chemin !* »

Dimanche 18 octobre

La bourrasque a tout pris. Tout est collé au sol. Ils balaient.

Retour à la *Maison de l'Emigration russe* où nous devons reprendre plusieurs tableaux et quelques objets. Une grande exposition d'icônes contemporaines est en cours d'installation. Laid, laid sans nuances ! Même pas envie d'en rire ! Au centre, Nicolas II, largement auréolé (l'assiette...).

Au printemps, la grande statue de Nicolas II qui avait été dressée sur la route de Iaroslav a été dynamitée. Érigée par qui ? Dynamitée par qui ? Personne ne sait...

En sortant, aux abords du métro, tout à côté de l'église orthodoxe, plusieurs personnes arrêtées devant un grand dessin à la craie. Deux jeunes, très jeunes Américains, dévastés de sourires lumineux, ont dessiné à la craie sur le ciment l'aventure de l'âme.

— « *Partie de la vie en Dieu, l'âme poursuit son aventure terrestre. À la fin de l'aventure, le Jugement la rapprochera de la vie éternelle en béatitude. Chacun retrouvera ses parents, son père, sa mère, ses frères, ses sœurs, pour toujours.* »

La bonne nouvelle me ravit et nous engageons la conversation. Cinq ou six jeunes près de moi écoutent avec grande attention. Je les soupçonne d'être en « travaux pratiques » d'anglais…

Un peu plus loin deux hommes en gris nous regardent, immobiles. Les mêmes qu'autrefois.

Dans le métro, un regret : J'aurais vraiment dû leur demander, à ces jeunes Américains, comment ils ont fait pour avoir un visa de deux ans renouvelable !

Le soir, j'essaie d'en savoir un peu plus sur l'Église orthodoxe, sur la fréquentation des églises, etc. Œil terne et réponses monosyllabiques. On ne parle pas de ce qui n'est pas intéressant. (Il semblerait donc que l'Église ait rejoint la Mafia dans le carton du *No comment…*)

Internet m'en dit plus :

— 80 % des habitants de Russie se considèrent comme orthodoxes.

— 10 % pratiquent régulièrement (au moins une fois par an).

— 4 % assistent à la messe hebdomadaire.

Chiffres identiques sur plusieurs sites.

Ce chiffre de 4 % me surprend. L'Église a une telle présence dans les medias, la restauration des bâtiments lui appartenant est si impressionnante que j'attendais un taux de fréquentation voisin des 15-20 %. Le chiffre est donc inférieur à celui de la fréquentation de nos églises catholiques en France estimé à 4,5 %.

Et puis, une autre page :
— « *Poutine a beaucoup œuvré pendant sa présidence (2000-2008) au rapprochement de l'Église et de l'État. Il s'est engagé à restituer à l'Église des biens en bon état et a promis de reconduire en 2010 le budget de 2009 de plus de 2 milliards de roubles affecté à la restauration des églises et des monastères.* »

(J'entends, venues de loin, les voix assourdies de la manif entre République et Bastille : « Pou-tine, Cy-ril, même combat ! »)

Vadim me dira quelques jours plus tard :
— « *Il y a en Russie près de 20 millions de musulmans. Et, au Tatarstan en particulier, on assiste à un impressionnant renouveau de l'Islam avec construction de mosquées, madrasas, enseignement de l'arabe, création de cliniques observant les règles de la charia (femmes soignées par des femmes, etc.). Certains disent même, en secret, que la fréquentation des mosquées est supérieure à celle des églises orthodoxes !* »

Lundi 19 octobre

Soirée chez Vassili, parfait francophone. Nous avons décidé de parler russe. J'ai des progrès à faire ! Et nous passerons la soirée à traduire en français l'article paru dans *Novaïa Gazeta*, signé par Youri Afanassiev, historien, président de l'Université des Sciences humaines de Russie, Alexis Davidof et André Peipenko économistes. Article dont on parle dans le Moscou où je circule et qui est une réponse à la déclaration faite en août par le président Medvedev. Vassili traduit avec une attention qui m'impressionne. Son public est « une », mais il ne fera pas pour autant « au rabais »… Professionnel et perfectionniste jusque dans les détails.

L'article de Medvedev s'intitulait : *Vpered, nelzia nazad.* « En avant, impossible en arrière. » Jusqu'à présent, j'ai beaucoup entendu parler de la virgule qui, dans un journal, aurait été déplacée. donnant le titre suivant : « En avant impossible, en arrière ! » Et on ajoute en commentaire :

— « *Depuis que le Patriarche l'a solennellement assuré de la protection divine, Medvedev est inspiré, il dit mieux et plus qu'il ne pense...* »

Bref, le président appelle à une *nécessaire modernisation* dont le journal reprend l'essentiel :

— « *L'économie de la Russie est une économie primitive – Le pays tire sa richesse de l'exploitation des matières premières – Notre déficit démographique est dramatique – Les blocages bureaucratiques de l'ère soviétique n'ont pas disparu – Le peuple attend les solutions d'en haut – La corruption n'a pas régressé.* »

Commentaire des auteurs de l'article :

— « *Le président ne manque pas de lucidité mais si la modernisation peut être déclarée, elle ne peut être ordonnée. Les années 90 ont été une catastrophe. L'implosion de l'U.R.S.S. a été un aussi un effondrement de l'État, plus, un effondrement de tout socium russe... Ce système ayant perdu tout sens de l'histoire et toutes ses ressources intérieures ouvre sur un archaïsme patriarcal primitif... La dégradation fulgurante de la conscience sociale dont certains fragments sont mis en évidence par Medvedev lui-même est un phénomène beaucoup plus dangereux que la crise économique...*

Nous sommes loin de mesurer encore toutes les conséquences de l'effondrement du socium russe ».

On peut difficilement faire plus désespérant... Et l'analyse du « désastre » se poursuit sur les quatre grandes pages du journal. Nous y passerons des après-midi entières jusqu'à mon départ.

Quand je reparlerai de cet article avec Victor il me dira :

— « *Oui, notre société est malade, mais hélas, il n'y a pas d'alternative au pouvoir actuel. Pourquoi ? parce qu'il n'y a pas de société possible sans État. Or, dans notre histoire, c'est la Haute Police qui a toujours été garante de l'État. Les forces centrifuges sont aujourd'hui importantes et, bien sûr, très courtisées par toutes les pouvoirs financiers internationaux anonymes qui seraient ravis d'avoir les mains libres pour exploiter librement les immenses réserves minières et énergétiques du pays.*

C'est ce qui a commencé à l'époque de Eltsine avec des gens comme Kodarkowski qui, lui, servait d'interface entre les champs de pétrole et les compagnies anglaises et américaines. Eltsine était un sympathique moujik qui ne connaissait pas le reste du monde. (N'oublie pas, avec Iakovlev, les conseillers américains en réformes libérales, Anders Aslund, Jeffrey Sachs étaient au Kremlin même, où se trouvaient aussi quelques représentants du FMI...) L'autre, c'est un antipathique kgbiste, mais qui est parfaitement au clair sur les rapports de force dans le monde.

La Russie ne peut se maintenir qu'avec un état fort. Et dans les situations critiques, c'est la Haute Police qui a toujours été garante de l'État. C'est elle qui a été à l'origine des transformations nécessaires, favorisant les passages indispensables au moment où le pouvoir était hésitant, affaibli ou dépassé. L'abolition du servage en 1861, les réformes de Stolypine en 1907, l'arrivée de Gorbatchev en 1985, la percée de Poutine en 1999, sont l'œuvre de la Haute Police. Après le désastre des années 1990, seule la Haute Police, qui par définition sait vraiment ce qui se passe chez nous, était à même de reconstituer, après Eltsine, un appareil d'état qui tienne le pays, qui permette, par exemple, de renationaliser les grandes sources d'énergie et de conduire une 'politique énergétique'. Le pouvoir ne prend pas toujours les bonnes décisions, ne sait pas faire confiance à la société civile, est loin de mettre les ressources du pays au service de sa population, etc. On pourrait continuer... Mais, pas de chance, dans l'état actuel des choses, pas d'alternative... »

— ???

Que dire de tout cela ? Oui, peut-être, je ne sais pas... Je n'ai pas renoncé aux certitudes, mais elles me sont infidèles ! Il suffit d'un léger déplacement pour que l'image organisée, sûre devant mes yeux, s'effondre en éclats de couleurs... Image de kaléïdoscope... Absorber, attendre. Abandonner peut-être la satisfaction d'avoir sous les yeux une image nette pour la recherche incertaine de celle d'un puzzle géant dont le modèle aurait été depuis longtemps égaré...

Mardi 20 octobre

Je suis restée à la Base sur le canapé rose. On a bavardé très tard. À 1 h de l'après-midi nous en sommes encore au petit déjeuner, avec kacha de sarrasin noir, jambon, fromage blanc à la confiture, et des piscines de thé noir. Nous nous préparons à aller dans les studios de la chaîne de *TV Spoutnik* où Claire est invitée dans l'émission hebdomadaire, *Une femme, une vie*. Traversée de la ville en taxi : 30 km, bouchons, deux heures de trajet. Le chauffeur est adorable, explique, commente. Il se gare à droite sur une 4 voies pour aller acheter, à gauche, les chocolats que Claire offrira à « ces Dames ».

Et toujours le même étonnement devant ce micmac de ville dès qu'on a quitté le centre historique !

Ils ont 20-25 ans, ces jeunes garçons qui déplacent échelles, câbles et projecteurs. Les femmes sont aux commandes. — « *Alors, votre enfance ?* » Et Claire raconte, toujours pour la première fois. Les jeunes écoutent, incrédules et rieurs, cette histoire qui sort d'un temps qui se perd dans la nuit des temps...

Mercredi 21 octobre

J'ai passé la matinée à revoir mes déclinaisons et les verbes de mouvement. Aller à pied – aller en utilisant un moyen de locomotion – déplacement habituel – déplacement non orienté

– déplacement en aller et retour – déplacement en cours – déplacement unique –, etc. On en compte une quarantaine m'a dit Larissa lors du dernier cours. J'ai demandé :
— « *Pourquoi tant de verbes de mouvement ? Qu'en disent les psycholinguistes ?*
— *Le pays est tellement grand, si uniforme que pour s'y retrouver, il était nécessaire de délimiter l'espace, de poser des repères, d'identifier les trajets.* »
Explication très convaincante.

Mais, le soir, dans mon chez-moi, au-dessus de la cour où deux hommes emmitouflés fument en échangeant je ne sais quoi, précautionneusement, dans l'ombre, une autre se fait jour, rêveuse... Celui qui se ressert à table ne se dit pas : « Je me ressers, deux fois, trois fois... » Il mange. C'est le regard du commensal qui met en mémoire, et de ce geste en fait trois... Celui qui sort, qui a oublié son porte-monnaie, qui revient sur ses pas, qui repasse devant la fenêtre du voisin, qui se rend compte qu'il a aussi oublié ses lunettes et revient les chercher, ne se dit pas : « Je repasse pour la troisième fois devant la fenêtre du voisin ». Il est dans le mouvement de son départ, perturbé par ses oublis, mouvement organiquement uniforme... C'est le voisin, le regard du voisin qui « dessine » les lignes de ces trajets et les constitue en événements distincts...

Pourrait-on penser que dans cette vieille société paysanne faite d'unités fermées, attachées au lieu, et vivant sur un mode largement communautaire, *le mir*, les gestes des uns et des autres avaient une visibilité toute particulière. On surveillait, on était surveillé...
— « *D'où vient-il, où va-t-il ? Déjà deux fois ! Sortie très inhabituelle !* »

Me reviennent à l'esprit les injonctions de ma grand-mère quand, dans les années cinquante, nous allions chez elle en vacances au village.

— « Va acheter de l'huile, mais tu mets la bouteille dans un journal. Je ne veux pas que les voisins voient !
— Mais il n'y a personne dans la rue !
— Cela ne fait rien... »

Ou le vendeur marocain, immobile derrière la devanture de son magasin du 18ᵉ arrondissement à Paris, en face de chez Jane, me disant :

— « Inutile de sonner, je l'ai vue sortir. Le mardi elle revient à 6 h. En général elle ne ressort pas. »

Une inflation de verbes de mouvements née de l'immobilité des communautés paysannes dans un pays où, pendant des siècles, il leur a été interdit de bouger, de quitter le Maître auquel elles appartenaient ? Inflation désignant au bout du compte l'immobilité, la passivité minérale d'*Oblomov* pour qui le moindre geste devient événement aventureux... Hypothèses que je laisse filer sans pilote, prenant le risque du tir à vue...

C'est clair, je n'apprendrai jamais les verbes de mouvement.

Au fait, on dit en russe *sortir sur internet* et non pas *aller sur la toile* ou *entrer sur le web*, comme il se dit dans le reste du monde.

Sortir, sortir...

Jeudi 22 octobre

Cours de russe. J'étais si fatiguée en sortant que je me suis laissée tomber dans le grand restaurant qui s'est ouvert là où se trouvait autrefois le cinéma *Litva*, tout à côté de l'hôtel *Universitietskaia*.

J'ai commandé. J'attends. 15 h 30. Peu de monde.

En face de moi, sur un écran géant, des pubs en anglais.

— Un père entre dans la salle où sa femme vient d'accoucher, il prend le bébé dans ses bras et le repose brusquement pour se

défendre du malade mental, entré là par hasard, qui s'est jeté sur lui : « *On n'est jamais assez prévoyant* ». Pub pour une assurance.
— Un gosse obèse, gardien de buts, prie la Vierge et tous les Saints. Il a besoin d'avoir toutes les chances de son côté pour arrêter le ballon. Il l'aura. Pub pour les montres Swatch : « *Le temps est différent pour chacun, mais la montre Swatch assure le temps universel.* »
— Un oiseau mazouté, mort, un immeuble effondré, un cadavre sous des journaux, et les yeux effarés de l'enfant qui se promène en ces lieux avec son père et le tire par la manche pour rebrousser chemin. « *Si vous ne voulez pas voir ça n'allez pas à New York* » : Pub en antiphrase, en anti-images, qui invite à la visite de la ville !...
Et toutes celles qui suivent sont sur le même modèle.
16 h. Toujours rien ! *(Ça n'aurait donc pas vraiment changé ?)*
La violence, la dégradation, la mort... Théâtrale mise en scène de la véridique morbidité de « la société de consommation » au moment même où l'émotion de répulsion est suscitée pour mieux capter le potentiel consommateur... Trois serveuses immobiles, appuyées contre un vaisselier regardent. Elles sont particulièrement belles. Je fais signe, on me rassure : « *Ça vient !* » En attendant, j'en profite pour causer. Celle-ci vient d'une petite ville près de Tambov, là-bas il n'y a pas de travail.
— « *Ce qu'on montre, là, à la télé ? Chez nous on ne verrait jamais ça... Oui, on n'est pas encore très modernes. On ne montrerait pas des enfants découvrant un cadavre dans la rue. Chez nous on a des traditions...* »
Je suis sortie à 16 h 45. Le plat unique, *Poisson aux légumes*, était très bon, juste un peu froid.

Vendredi 23 octobre

7 h. Le grattement régulier du balai dans la cour. J'aime bien, c'est apaisant. Je reste longtemps à rêvasser... Qu'est-ce que je fais ici, qu'est-ce que j'attends, qu'est-ce que je cherche ? Je ne sais pas.

Un thé. Les rideaux écartés. Aujourd'hui ils sont trois. Un homme, vêtu d'un survêtement orange déplace une poussette d'enfant reconvertie en chariot sur laquelle est fixé un panier d'osier. Il y tasse les feuilles. Il y en a encore sous les voitures qu'il va chercher aussi loin que possible. Les deux femmes finissent les bordures le long de l'immeuble. Ratissé, peigné, le terre-plein est un velours sensuel. Le chien berger suit l'un puis l'autre. L'homme lui tapote la tête. Du premier étage où je me trouve, je domine les auvents qui protègent les entrées. Les détritus tombés des étages supérieurs se sont compacifiés depuis des années en croûtes noires d'ou émerge ici et là un « truc » en plastique rouge ou jaune.

Juxtaposition d'incurie et de soins maniaques... Quand j'en ferai la remarque à Sofia elle me dira :

— « *Beaucoup d'employés du nettoyage municipal sont des sans-papiers venus des Républiques du Caucase. Ils font au mieux pour n'avoir pas d'ennuis !* »

Mais l'explication ne me suffit pas... Sûr, il y a de l'exorcisme dans cette passion du balayage !

Côté rue, il fait pluie, gris, brouilleux. Incessant va-et-vient des parapluies. Voitures éclaboussantes, hésitations des passants qui, sous ma fenêtre, traversent tous en dehors des clous. Bip-bip net émis du panneau où s'affichent les secondes restantes pour traverser la quatre voies. Lourds tramways résignés à la noria du carrefour...

Je sors et je manque de trébucher sur la dernière marche. Je l'ai pourtant bien repérée celle-là ! L'usure du ciment a mis à nu la tige de métal sur laquelle était modelé le rebord. Un escalier comme tous ceux que je connais. En pire ! Marches cassées, chewing-gums incrustés, boîtes aux lettres métalliques, pour la plupart forcées, dont les ouvertures battantes risquent de vous érafler la figure à chaque passage. Rayures, collures, coulures. Et ce tapis de camaïeux marron, râpé, à jamais soviétique, découpé presque à la mesure de l'entrée, pas tout à fait, sur lequel on devrait s'essuyer les pieds et sur lequel on trébuche.

Et je me rends compte que tout cela, en vérité, je ne le vois déjà plus…

Soirée chez Sofia. Entre elle et son mari, politesse et respect. On a de la tenue. Personne, jamais, ne hausse le ton. On dit, et on peut dire dur, et puis on passe à autre chose. C'est entendu. Et cela vaut pour tous ceux que je connais à Moscou. Des relations aux antipodes de l'hystérie. Il en va de même avec les enfants. On ne crie pas. À la descente d'avion, dès l'arrivée à Roissy, les interdictions et injonctions qui pleuvent sur les gosses crissent à mes oreilles.

Marina est toujours très contente de me voir arriver. Nous jouons aux cartes, elle aime me faire la classe. Elle me fait lire en russe, corrige mes accentuations mal placées, et, pour me prouver que c'est quand même pas sorcier, elle lit en français.

Salades russes, vodka, betteraves à la crème, vodka, saumon fumé, vodka. Victor Youlievitch, disparu il y a plus de quinze ans maintenant, m'avait un jour raconté que, travaillant sur la linguistique cybernétique d'où émergeaient les premières machines à traduire, il avait testé la transposition en russe de ce bref énoncé en anglais, tiré de la Bible : *The flesh is weak, but the spirit is high*. « La chair est faible, mais l'esprit est fort ». Et de la machine était sorti : *Miaço ploko, no vodka korocha*. « La viande est mauvaise mais la vodka est bonne. »

Na sdarovie !

Samedi 24 octobre

7 h. Le bruit du balai n'est pas le même. Beaucoup plus mou, retenu... Il a plu cette nuit, le balai colle au sol et ramène des ridelles de boue. Le chien s'est roulé en boule sous un auvent. Seul le bouleau garde encore quelques feuilles. La pluie a noirci branches et rameaux qui se dessinent nets et si fluides sur le gris du ciel. Deux femmes traversent à pas lents, anticipant le trajet, pour éviter les flaques devenues mini mares. Elle a quand même sorti le landau, malgré la bruine légère, la grand-mère qui, tous les matins, fait le tour des massifs et terre-pleins. Quel que soit le temps, même par moins dix, on sort les petits. Ils faut qu'ils s'habituent. C'est bon pour la santé.

Dans le wagon du métro, deux hommes, bouquets de fleurs à la main. Tous les jours, dans le métro ou dans la rue il y en a au moins un avec des fleurs. Autour de moi, ils lisent. Journaux, livres, de vrais livres, cartonnés, solides, que certains garderont ouverts sur les marches des interminables escalators.

Il me semble que je vois moins d'hommes ivres que l'année passée. Tatiana me dira plus tard que toute personne prise en état d'ivresse dans le métro est maintenant passible d'amende. Décision de Loujkov, le maire de Moscou.

— « *Alors ils vont boire sous les arbres, près des stations éloignées du centre-ville.* »

Autrefois, la bouteille de vodka coûtait trois roubles. Un homme sortant du métro s'asseyait sur le rebord du trottoir et levait un doigt. Un rouble. Sans un mot un deuxième s'asseyait près de lui. Deux doigts levés. Un troisième arrivait. L'un d'eux prenait des autres les deux roubles, achetait la bouteille et revenait. Ils buvaient, sans un mot, et se séparaient. Ceux que je vois à la sortie du terminus de ma ligne verte boivent, parlent et rigolent dans les sous-bois. C'est mieux.

On m'accueille à la Base comme si j'étais partie depuis 15 jours ! Soupe de lentilles, poisson pané, salades roses étoilées de radis. On attend Sacha et Tamara, c'est Tatiana qui sonne *(rires)*. Claire accueille chacun avec bonheur. Ses visiteurs sont son théâtre, son cinéma, ses sorties, ses vacances, sa rue, sa fête permanente. Celui qui entre était seul attendu. Il est unique...

Tatiana a longtemps travaillé au Protocole du ministère des Affaires étrangères où elle accompagnait « ces Dames ». Tatiana adore raconter et nous rions aux larmes...

— « ...*et il y avait aussi la femme de ce ministre qui, visitant en Roumanie une usine de confection de vêtements, s'était vu proposer d'en choisir deux en cadeau. Elle était ressortie avec 9, oui, 9 ! Des pay-i-sa-nnes !*

— *Qui ?*

— *Non, je préfère ne pas dire les noms. Elle est morte. Tu sais, quand les gens sont morts, il ne faut pas. Ils ont le droit d'être en paix.*

— *Raïssa ?*

— *Elle, elle était très intelligente, déterminée, elle avançait, ignorant superbement ceux qui étaient sur son chemin... Quand elle est morte, lui, il ne lui restait plus rien. Il tenait grâce à elle (silence)... « Ils étaient vraiment amoureux. »*

« *Ils étaient amoureux.* » Il est rare d'entendre une remarque positive sur un dirigeant, présent ou passé. Cela ne se fait pas...

Dimanche 25 octobre

Valéry s'est mis à peindre.

— « *Cette nuit je me suis réveillé et j'ai vu ce que j'allais faire.*

— *Tu peux me dire ?*

— *Je te dirai plus tard. Quand les choses n'existent pas vraiment il vaut mieux ne pas en parler. C'est comme donner son nom à un enfant avant sa naissance. Ce n'est pas bien.* »

Nous en resterons là.

Retour au centre-ville. J'ai à faire à l'ambassade. En sortant, envie de marcher jusqu'au Kremlin. Au carrefour, la grande statue de Dimitrov est toujours là. Bel homme à l'air déterminé, un pan de veste relevé par le vent de l'histoire. Sur le socle est écrit : « *À Dimitrov, artisan du mouvement communiste international* ». *.8.2 - .949*. Quelques chiffres sont tombés. Une frisure de mousse suit la ligne des dalles du socle.

Juste en face de lui, une banderole traverse le carrefour. Trois portraits du Che : celui, bien connu, avec le béret, le deuxième avec un chapeau et le troisième avec un chapeau haut-de-forme. En-dessous, un bref énoncé polysémique : « *Le fitness de la révolution* » ou « *La révolution du fitness* »... Un peu plus loin une grande pub pour un spectacle de Don Quichotte.

Finalement je ne continuerai pas à pied, je prendrai le tram. Malgré ma grande habitude de la ville, je sous-estime toujours les distances. Devant la bibliothèque Lénine, le nom de *Moskwa*, en graviers de couleur, est incrusté en écusson dans le terre-plein. Autour du nom, trois bulbes d'églises dorés.

Je ne me lasse pas d'errer sur la place Rouge. Aucune idée, la tête vide, et un cahot d'images, celles que je vois et les autres, plus nombreuses encore... 1470 : un homme mystérieux se présente au Kremlin, Antoine Paléologue, appartenant à la famille du dernier empereur de Byzance, Basileus Constantin, tué en 1453, lors de la prise de Constantinople par les Turcs. Sa mission : proposer la main de la princesse Sophie Paléologue au Grand Prince de Moscou, Ivan III. Le mariage sera conclu et Sophie épousera Ivan.

Unissant le sang des princes russes à celui des Paléologues, le Grand Prince de Moscou est devenu héritier de Byzance. Il ajoute sur ses armes l'aigle à deux têtes byzantin. Arrivent alors à Moscou des lettrés grecs, des savants, des artistes que Sophie Paléologue avait côtoyés lors de son exil à Rome. Avec eux, les architectes Fioravanti, Aleviso, Giuliani et Masconi. Les murs du Kremlin et ses plus belles églises, ce sont eux, les Italiens.

(La beauté de Sophie, si elle eût été moindre, la face de la Russie en eût été changée…)

Le Grand Prince de Moscou ainsi devenu « l'héritier de Byzance », c'est au Kremlin que revenait la mission de rétablir le plein rayonnement de la vraie foi. Moscou : troisième Rome. La première a été victime des Barbares, la seconde, Constantinople, est tombée au pouvoir des Turcs. Moscou, son héritière, est la troisième et dernière cité choisie par Dieu pour le servir. Sa mission : assurer universellement le triomphe de l'orthodoxie.

Nous y sommes.

L'histoire se répète. Mais, incontestablement, aujourd'hui, suivant les modalités propres à la deuxième fois…

Lundi 26 octobre

Il fait froid. Je reste dans mon « chez-moi » où je passe d'un livre à l'autre. Très intéressant, le petit livre de Vladimir Fédorovski : *Le Roman du Kremlin*. La petite histoire mêlée à la grande.

— « *Avec Vassili III, l'Église devint pleinement une puissance temporelle sans complexe, au service de l'idée de la Sainte Russie.* »

Je vais me faire nourrir chez Sofia. Ma linguiste est dans tous ses états. Marina sait déjà lire et écrire, et, dans son école privée d'avant-garde, on lui apprend à écrire les *lettres mamans*, autrement dit les majuscules… Interdiction d'utiliser le mot verbe (que tous les enfants connaissent puisqu'ils font aussi de l'anglais). Il faut dire *l'animateur de la phrase*. Pourquoi cette frénésie de censure de l'abstraction, au nom de la « modernisation de la pédagogie ». Modernisation qui sévit glorieusement chez nous depuis plus de vingt ans ! Je n'aurais

jamais pensé que cette sotterie puisse prendre ici. Ici où l'attention à la langue, à la grammaire a toujours été investie d'une passion moralisée...
Double vodka.

Mardi 27 octobre

Retour à la Base. Visite de Tatiana (une autre). J'étais allée voir chez elle, autrefois, sa magnifique collection de tableaux des années Vingt. J'aimerais bien savoir si ces tableaux sont toujours visibles, mais ce qui l'intéresse, elle, c'est de me raconter comment elle s'est découverte croyante.

— « *Vous savez, n'est-ce pas, qu'on salue l'icône en s'inclinant, bras croisés, mains aux épaules. Eh bien, moi, spontanément, je saluais bras croisés, les mains sous les coudes, et quoi que je fasse, ce geste malgré moi revenait. Jusqu'au jour où une de mes amies m'a dit que c'était là un geste très ancien, conservé par une des sectes de Vieux Croyants. J'ai eu une illumination, j'ai 'vu' d'où je venais, j'ai compris que la foi était depuis toujours en moi, que je n'avais qu'à lui laisser le chemin libre.*

Vous savez, le peuple russe est un peuple de croyants. Vous savez, ce ne sont pas les Russes qui ont fait la Révolution.

— *Ah bon ?*

— *Non, Ce ne sont pas les Russes !* »

Nous en resterons là. Nous nous comprenons... Je n'irai pas plus loin... Juste dans la cuisine, tout à côté, où nous attendent les chaussons aux pommes servis avec un ramequin de crème fraîche.

Mercredi 28 octobre

Lectures des *Lettres interceptées,* recueil de lettres provenant des archives de la famille Taticheff, émigrée à Paris, qu'Anatole

Vichnevski a organisées en un « roman » passionnant et que Marina a traduites. 600 pages de lettres, mémoires, où je me glisse dans une époque où la vie se disait, s'écrivait. Vie du cœur et de l'esprit.

Boris Grajevski, Paris le 12 novembre 1931 :

— *« Ma tendre Manetchka, je ne pourrais te dire exactement pourquoi j'ai aujourd'hui tant envie de t'écrire. Je t'aime tant, particulièrement aujourd'hui. Ces derniers temps, tu as changé, tu es plus tendre, comme une enfant. Tu as du charme et je t'aime. Je ne sais pas pourquoi j'ai un si grand plaisir de te le dire, à toi, mon amie... Ta force ranime le feu endormi de tes proches les plus chers... Je t'envoie mes pensées, mon désir, mon plus fort, mon âme. À toi ma très chère – Boris. »*

Et, quelques pages plus loin, un rapport de police venant d'Albi, daté du 28 mai 1945 :

— *« Parti dans un groupe de maquis le 13 juin 1944, Boris Grajevski fut fait prisonnier par les Allemands le 18 juin 1944 aux environs de Teillet (Tarn)... Il a été fusillé le 30 juin 1944 et inhumé au cimetière de Castres. »*

L'Histoire se fait soudain « Une », cliquée, bouclée sur moi ! Ce 18 juin 1944 plusieurs maquisards furent tués dans le tournant de la Satjarié, à quelques kilomètres de Teillet où nous vivions. C'est mon père et quelques hommes du village qui sont allés relever les corps.

L'Histoire est histoire commune ! Cette histoire-là voyagera avec moi plusieurs jours...

Jeudi 29 octobre

Avec les *Lettres interceptées*, Marina m'a passé le livre d'Anatole qu'elle a traduit en français : *La Faucille et le rouble – La modernisation conservatrice en U.R.S.S.* Comment tout lire ? Je circule dans tous les sens, incapable de suivre ligne à ligne.

Comme si je pouvais tout absorber, d'un coup ! J'y passerai la journée.

La conclusion : *Retourne-toi sans colère,* me touche beaucoup.

— *« Il n'y a pas de ' si ' dans l'Histoire. Mais la tentation est forte de rejouer, même en pensée, le spectacle historique (...). Quelle aurait été l'histoire moderne de la Russie si... Aurait-elle pu rester, comme par le passé, la Russie de la faucille, pays agraire, rural, paysan ? C'est peu probable (...). Cette transformation a justement été la révolution principale par laquelle elle est passée (...). Cette révolution, qui par son essence même devait faucher le mode de vie séculaire de la Russie, détruire ses fondements, faire sortir du jeu de l'Histoire des couches sociales entières, pouvait-elle s'effectuer sans effusion de sang et sans sacrifices ? C'est peu probable (...). Même si les événements d'il y a quatre-vingts ans avaient pris une autre tournure (...) que le pouvoir en Russie eût été entre les mains de défenseurs acharnés du passé et adversaires de changements (...) la configuration de l'histoire russe du XXe n'aurait été différente que dans les détails. Malgré l'ampleur incroyable de la longue « terreur rouge », on ne peut se porter garant que la terreur blanche eût été plus modérée. La division de la société prérévolutionnaire était bien trop profonde. Les Blancs vainqueurs auraient dû s'appuyer sur le mêmes couches sociales que les Rouges, et les paranoïaques, il n'y en avait pas seulement chez lez bolcheviks (...) »*

Le XXe siècle russe : le passage en force d'une société rurale arriérée à une société urbaine ? N'est-ce pas ce que je notais déjà l'année passée après une lecture de Zinoviev ? Est-ce cela que voulait dire Victor Y. Rosensweig quand il me répétait : « L'Histoire est faite avec les hommes, elle n'est pas faite par les hommes ? »

Vendredi 30 octobre

C'est aujourd'hui la « *Journée de la commémoration des victimes des répressions politiques en Russie* ». Cette célébration a lieu chaque année depuis le 30 octobre 1991. Mais cela vient de plus loin, me dit Valéry :

— « *Tout a commencé le 30 octobre 1974, quand des détenus politiques des camps sibériens ont fait une grève de la faim et ont allumé des cierges en souvenir des victimes. Ensuite, chaque année, il y a eu ce même jour des manifestations dans les grandes villes.* »

On a annoncé à la radio, à la télé, qu'un office des défunts serait célébré par l'archiprêtre de Moscou sur la place de la *Loubianka* devant la pierre rapportée de l'archipel de Solovki, monument à la mémoire des victimes des répressions. Dès hier soir, sur cette même place, plusieurs dizaines de militants de l'Association *Mémorial* faisaient l'appel des victimes. Chaque nom crié, un à un…

— « *Tant qu'on n'a pas donné les noms de toutes les victimes, tant que nous n'avons pas compris les causes de cette tragédie, il est nécessaire de la rappeler et de la rappeler encore* », redit infatigablement Arsène Roguinski, le président de l'Association *Mémorial*.

À la télé, sur la chaîne *Centrale*, l'émission hebdomadaire *Post Scriptum* de Pouchkov que nous regardons tous les vendredis. Longue controverse sur la petite phrase tirée de l'hymne national soviétique qui vient d'être re-gravée dans le dôme de la station *Kurskaia* où elle avait été inscrite en 1935 au moment de la construction de la station. Petite phrase plus tard effacée par Khroutchev : « *Staline nous a appris à être fidèle au peuple, à aimer le travail et à nous surpasser en accomplissant des exploits.* »

Argument des uns :

— « *La décision a été prise de conserver le métro de Moscou en l'état. Alexandre Kouzmine, Architecte en chef responsable de l'entretien et de la conservation du métro, a fait le choix de redonner à chaque station son aspect initial dès lors qu'une remise en état est nécessaire. Pourquoi pas cette station-là.* »

Arguments des autres :

— « *On ne peut pas laisser écrire sur nos murs un remerciement à Staline, même si la phrase incriminée, dans son contenu même, est peu mobilisatrice... C'est remettre Staline à l'honneur...* »

Le débat se poursuit. De la violence du stalinisme, on passe à la violence de la Révolution, incluant la remise en cause de Lénine, Trotski, etc. Plusieurs historiens commentent. On montre des documents d'archives, Staline tirant à la carabine, des exécutions, des hommes creusant leurs tombes, des charniers mis au jour, etc.

Cela fait un moment déjà qu'on me demande de changer de chaîne. Je tiens bon...

— « *On sait tout cela et depuis plus longtemps qu'eux ! Et encore bien pire ! Le jugement sur l'histoire, il faudra encore des années pour qu'il puisse se faire, mais en ce qui concerne l'événement prétexte de cette discussion, l'inscription re-gravée dans la station de métro Kurskaïa, ça, c'est du non-événement ! C'est devenu événement chez vous, dans vos journaux : La réhabilitation de Staline en Russie ! Alors qu'il n'y a pas de quoi fouetter un chat ! Vous feriez mieux de vous demander pourquoi les Lettons, Européens à temps plein, ont, eux, officiellement et effectivement réhabilité la Waffen SS, ou pourquoi le Président de l'Ukraine fait de Stepan Bandera, collaborateur nazi notoire, et parmi les plus féroces, un 'Héros de l'Ukraine'.* »

On change de chaîne.

Jusqu'à tard dans la nuit, à la radio, des hommes et des femmes qui ont passé des années dans les camps, racontent...

Samedi 31 octobre

Appel de Vadim :
— « Le discours qu'a fait hier Medvedev est historique. C'est la première fois que le stalinisme est dénoncé, en Russie même, avec autant de netteté et de fermeté. Regarde sur internet. »
Ce que je m'empresse de faire.
« ...La mémoire des victimes des répressions politiques est aussi sacrée que celle des victoires. Il est impossible d'imaginer l'envergure de la terreur qui a touché tous les peuples du pays et qui a atteint son apogée en 1937-1938. Des tranches entières, des couches entières de la société ont été éradiquées ; la terreur et les dénonciations ont emporté des millions de vies (...) Aucun succès ou ambition nationale ne peut justifier cela. Rien ne peut être mis plus haut que la vie humaine. Mais les crimes de Staline ne peuvent diminuer l'exploit du peuple russe qui a obtenu la victoire... »

J'essaierai de reparler du discours de Medvedev avec les uns et les autres. Pas facile. Impossible de créditer en public une parole venant du pouvoir. Cela ne se fait pas. On se discrédite.

J'ai rendez-vous avec Sonia à la *Chocolatnitsa* de la place *Oktiabrskaia*. Nous irons voir l'expo *Les Cent ans des ballets Diaghilev* à la Nouvelle Trétiakov. Je me suis attablée tout contre la vitre. Il fait froid, les passants se sont enveloppés. Col de fourrure de renard gris, bottes à talons aiguilles. Béret rose et gants de cuir prune. Béret vert et bottes aux revers satinés. Grande pelisse dont la doublure aux longs poils se relève sur les bottes en souples saccades rythmées. Des hommes, en noir...

Pour la première fois je perçois comme presque insignifiante, la grande statue de Lénine érigée en 1985. Bizarre... Ce doit être l'effet *CANON* qui se déploie en gigantesques lettres rouges au sommet des immeubles de l'autre côté de la place... Et puis l'effet LANCÔME qui traverse l'avenue en banderole, juste devant moi, et qui, de ma place, fait une sorte de dais au-dessus de Lénine. Deux grands yeux bleus, magnifiés par ces mots : « *Lancôme – Avec un regard hypnotisant...* »

1909-2009 : Les Cent ans des Ballets Diaghilev. Bonheur. C'est beau, inventif, délirant, gai, drôle, gratuit, pour rien, sensuel jusqu'au bout des orteils, en splendides couleurs, en incessantes coulées, en passages qui n'abandonnent rien... Vivant !

Peu de monde au vestiaire, la préposée aux manteaux plaisante, papote avec les amies qui accompagnent Sonia. (Entre septuagénaires, on se comprend...)

— « *J'ai vécu jusqu'à l'âge de quarante ans dans un appartement communautaire, je vous assure, ça pouvait être, très, très gai. J'ai beaucoup ri dans cette vie-là. Maintenant les gens sont tristes, oui, les gens sont tristes !* »

Il est tard, je suis de retour dans mon chez-moi, entre la cour familière et la rue. Les paroles et les faits du jour repassent, inattendus, silencieuses truites dans les clairs obscurs de la rivière... Et la triste truite fait cercle autour d'un invisible point...

Qu'en est-il de cette tristesse qui se dit, régulièrement, au détour d'une phrase. Tristesse ou malaise ? Un malaise-triste qui, me semble-t-il, est lié à la surprenante maltraitance de l'Histoire. Pourquoi est-il si difficile de dire l'histoire, de la consigner, dans sa complexité, dans ses réussites, dans ses horreurs, de la reconnaître, et de passer à autre chose... Ce que je perçois comme le « politiquement correct » du moment, du moins dans l'espace où j'évolue, est tout simplement un déni de l'histoire : Les 70 ans de l'époque soviétique auraient été une « erreur de l'histoire » et on reprendrait maintenant le cours normal d'une histoire « naturelle », avec l'Église, les Saints, la nostalgie des tsars... D'un côté le Mal, de l'autre le Bien. Mais ça ne colle pas vraiment. Aucun dynamisme collectif derrière tout cela. Tout au contraire, une immobilisation silencieuse... et triste... C'est du moins ce que je crois percevoir. Me vient à l'esprit cette histoire (rencontrée dans mes lectures quand j'accompagnais Cécile dans son travail sur l'adoption), celle d'un jeune violoniste, heureux dans son métier, dans sa famille, qui, à trente ans, avait appris que ses parents n'étaient pas ses « vrais » parents et qu'il avait été adopté à la naissance. Du jour au lendemain il n'avait plus pu jouer de violon. Il n'avait jamais repris. Il était devenu informaticien. Avec l'évacuation en bloc de la période soviétique, il y a, pour beaucoup, perte d'origine. Les plus de quarante ans sont issus d'une époque « qui n'aurait pas dû exister », qui n'était pas « vraie », qui ne « devait pas faire partie de l'histoire de la Russie » (comme me le laissait entendre très clairement la jeune personne qui m'interviewait il y a deux ans au musée de l'Histoire de la Russie). Et le trouble qui en résulte n'a rien à voir avec un « regret » de la période dont quasiment tous sont plus que soulagés qu'elle ait pris fin. Mais, avec le déni de son existence, c'est l'organisation identitaire qui est ébranlée, le principe vital qui est touché. Finalement, dans cette époque « irréelle » notre vie était-elle réelle ? Qui sommes-nous, nous qui n'aurions vécu « qu'erreurs et terreurs » ? Où sont nos espoirs, notre jeunesse, nos bonheurs, nos malheurs, nos rires, nos larmes... Sans que ces interrogations arrivent jamais aux mots pour se dire. Silencieuse dépossession originelle... D'où ce malaise ? D'où cette impalpable tristesse ?

D'où venons-nous ? Au moins sommes-nous Russes, donc orthodoxes ! Mais cela ne suffit pas pour que la musique reprenne...

Images qui vont, flottant entre deux eaux...

Dimanche 1ᵉʳ novembre

Retour à la Base. La cuisine. Je raconte Diaghilev, cinq minutes. On me raconte les visites d'hier : Olga, Larissa et son mari, la grand-mère de Thierry. Tatiana écoute, elle tourne sa cuillère sans fin dans sa tasse. Tatiana est triste :

— « *Oui, je m'inquiète un peu pour mon avenir. Des diminutions de personnels sont prévues au Ministère : La crise ! Si je suis mise à la retraite anticipée, j'irai faire mes courses là où vivent les pauvres. J'y vais déjà pour me faire coiffer : 20 roubles au lieu de 1 000 ou 1 200 dans notre quartier ! Il faudra que tu viennes un jour avec moi, ce n'est pas très loin, deux heures de trajet. Un autre monde !* »

Aucun commentaire sur l'actualité politique, sur « la crise », ici ou dans le monde. Indifférence ? Non, plutôt sagesse : on n'y peut rien (et depuis très longtemps...), alors, à quoi bon en parler ? On parle des gens, de ceux qu'on connaît, et de ceux qu'on ne connaît pas, de la vie, du passé, de ce qu'on a vu, entendu. Longs récits faits d'une pâte consistante et comestible. Lents récits qui suivent la chronologie de l'événement. Récits commentés par le voisin et repris, identiques, pour le nouvel arrivant. On ne saute aucun épisode. « L'écoutant » a depuis longtemps compris, mais on ne supprimera rien. Il s'agit moins d'informer que de redonner vie a ce qui a été, de mettre la vie en récit et, ce faisant, de se l'approprier. *(Et ça, personne, jamais, ne pourra nous l'enlever...)*

Ce sont mes meilleures leçons de russe.

À la télé, les infos : Les salariés des grandes usines de construction d'avions du côté d'Irkoutsk n'ont pas été payés depuis plusieurs mois. Poutine explique que le gouvernement a débloqué une somme de 3 milliards de roubles il y a déjà trois mois pour aider à la reprise de la production et payer les salaires. Est arrivé sur les lieux 1 milliard de roubles.

— « *Cet argent disparu, on va le retrouver. Je vous le promets !* », répète le Premier ministre, méchamment déterminé *(rires).*
Valéry :
— « *Rien de nouveau c'était déjà comme cela avant, maintenant c'est mieux et plus, c'est tout ! Pas intéressant ! Viens, je vais te montrer mon travail.* »

On pousse le séchoir à linge, on déplace la chaise, on déporte deux ou trois tableaux dans le salon, on cale le chevalet dans l'embrasure de la porte, on débarrasse le lit des papiers, cartons, journaux et on s'assoit.
Je sais que c'est un rare privilège d'être invitée en témoin du travail en cours.

— « *Tu vois, sans histoire, pas d'avenir, et pas même de présent ! Ce que je voudrais faire c'est peindre la Transmission, oui, la Transmission ! (rires). Ce n'est pas facile… Je voudrais montrer notre héritage, et la nécessité de le transmettre. Au centre, les grenades, celles peintes par mon père en 1925 dans son tableau* Une tchaïkhana grenat. *Une ' citation ' des grenades où serait visible tout ce que les débuts du* XXe *siècle ont apporté à la peinture, tout ce qui a nourri mon travail. Là, à gauche, esquissée, la silhouette d'une vieille femme tendant à ceux qui viendront le bol de thé de l'accueil, juste au-dessus des grenades. Ceux qui viendront ? Ils n'ont pas encore de visage, peut-être une très jeune fille peinte ' prosaïquement ', comme le ferait un peintre inexpérimenté… et, derrière elle, un espace indistinct, celui de tous les possibles… Là, c'est loupé, à refaire. Ça va être difficile !*
Ce qui me préoccupe, à 80 ans passés, c'est de transmettre, de faire passer plus loin… C'est la seule chose qui m'intéresse. Peut-être sommes-nous dans une impasse, peut-être est-ce le début de la grande Fin, mais, si je veux rester humain, je suis bien obligé de prendre au sérieux le devoir de transmission… » *(rires).*

Lundi 2 novembre

Les pneus au ralenti devant la fenêtre font craquer la mince couche de neige tombée cette nuit. Plus une feuille sur les arbres et, tout là-haut, un ciel grand-bleu. Matinée paisible dans le creux des fauteuils. Livres et journaux.

« *En Biélorussie, la mode est pour les jeunes mariés de se faire photographier sur fond de portraits du XIXe siècle* ». Effectivement, ici aussi, très à la mode le XIXe, l'époque de la « vraie Russie ». Les reproductions des grands peintres de ce siècle ponctuent de part et d'autre la rue Tverskaia. Exposition qui commence, en bas à droite, par un portrait en pied du tsar Alexandre III.

Rendez-vous avec Sonia à l'expo *Biedermeier* au musée Pouchkine. Beaucoup de monde. L'art autrichien de la première moitié du XXe m'intéresse moyennement mais je veux revoir les Impressionnistes, tout à côté.

De grands panneaux annoncent que la collection présentée ici est la collection personnelle du Prince de Liechtenstein. La famille princière y est abondamment glorifiée en nombreux portraits. Jean Adam II et son épouse, Anton Jenik, *Le Prince Johan von Lichtenstein with his family in an imaginary hall of ancestors*... Mais ce qui attire surtout les visiteurs c'est la longue généalogie présentée sur trois grands panneaux devant lesquels on se presse. Je m'agglutine. On y recherche et commente les liens de la famille avec les Romanov, et on prend des notes.

Décidément, on n'en sort pas !

Sortons donc ! Et direction Matisse, Renoir et les autres. Les poissons rouges qui jouent aux requins... La grande fenêtre bleue... Bleu-liberté...

Mardi 3 novembre

Un peu partout des affiches célèbrent la Fête Nationale qui aura lieu demain, le 4 novembre. J'interroge :
— « C'est quoi cette fête, pourquoi le 4 novembre ?
— J'en sais rien, demande à Valéry.
— Cette fête ? J'en sais rien, une histoire avec les Polonais, mais choisie, je pense pour être près du 7, notre grande fête soviétique à laquelle les gens étaient habitués. Il ne faut plus de soviétisme mais il ne faut pas, non plus, trop perturber le peuple... »

Même question à la préposée au vestiaire de la *Maison de l'Émigration* où je viens chercher quelques brochures.
— « Jeudi, c'est une grande fête, c'est la fête de la Vierge de Kazan. »
Dans l'ascenseur, le vieil homme qui descend avec moi me dit :
— « Cette fête, c'est notre victoire contre les Polonais. Ils étaient nombreux dans l'armée de Napoléon ! »
Je téléphone à Vadim, ma personne ressource quand le déficit d'informations sûres devient trop important.
— « Cette fête ? Personne ne sait ce qu'on fête ! C'est officiellement la fête de l'Unité nationale et le 7 novembre est devenu le jour de la Réconciliation nationale. L'une déteignant sur l'autre... Le 4 novembre 1612, Minine et Pojarski s'unirent pour lever une troupe de volontaires qui chassèrent du Kremlin les envahisseurs polonais. Mais ne crois pas que nous fêtions notre victoire sur les Polonais ! Les pauvres ! Nous n'en voulons pas aux Polonais, nous ! Ce que nous fêtons, c'est l'unité du peuple. Minine était un petit commerçant et Pojarski était prince ; la célébration de leur alliance mettant fin à la glorification de la lutte des classes... C'est également la fin du Temps des troubles, et le début de la dynastie des Romanov. On pourrait donc dire qu'on fête aussi le Renouveau... » (rires).

Et la Vierge de Kazan ?
— « Son icône était à la tête des troupes de Minine et Pojarski. C'est grâce à elle, dit-on, que les armées russes ont remporté la victoire. »
Limpide.

Mercredi 4 novembre

La place Rouge est fermée. La rue Tverskaia déserte. Une fine poussière de neige s'élève de la chaussée en tourbillons vers les étages. Le long de la rue les drapeaux (rouge, bleu, blanc) de Russie et de saint George terrassant le dragon (emblème de Moscou). Je marche. Je cherche les célébrations de la fête. Personne, absolument personne dans la rue. Venant de la place Maïakovski, l'hymne national, l'hymne soviétique, amplifié par les haut parleurs. Incongru, pathétique, dérisoire, l'hymne soviétique hurlé sur une petite place cernée de barrières métalliques ; une place piquetée de miliciens tous les 10 mètres. Impossible de m'approcher. On n'entre pas. J'irai donc au café, juste en face... Autour d'une haute estrade pyramidale, devant la statue de Maïakovski, 400 à 500 jeunes. Sur le podium, des filles enveloppées de drapeaux. Certaines dansent une sorte de reggae. Un homme saisit le micro, les jeunes exultent. Je demande à ceux qui m'entourent qui sont ces jeunes, que disent les orateurs ? « *Les Nachi* ? — *Non* ». Personne ne sait.
Je bois mon thé, et je m'attarde.

L'hymne russe d'aujourd'hui : l'hymne soviétique de l'U.R.S.S.
Le drapeau : rouge, bleu, blanc (*Krasnii, Goluboi, Bielii* : KGB, comme disent les copains), la Démocratie.
Le blason : l'aigle à deux têtes, l'Empire.

Retour à la Base. Trois nouveaux sur les fauteuils roses. Je tente quelques questions sur la fête de l'Unité Nationale. Tout le monde s'en fout, et je serais même importune... Iégor est venu avec sa guitare et chante. Il chante des chansons de l'exil, les chansons de l'émigration russe à Paris et Berlin dans les années Vingt-Trente...

Jeudi 5 novembre

Je lis, je feuillette, on parle. RV à 17 h 30 à la Nouvelle Trétiakov où Nathalie doit traduire en simultané le film *Paris 1900* de Nicole Védrès, projeté en accompagnement de l'exposition Diaghilev. J'arrive à 17 h dans une salle vide. J'aime bien. Entre un sympathique septuagénaire qui d'emblée me tend son journal.

— « *Regardez l'article de la dernière page : la différence entre Petersburg et Moscou. Là-bas ils sont vraiment cultivés ! Ici ? Ah !...* » Et il enchaîne : « *J'étais chef technicien du son et j'ai accompagné pendant des années les plus grands acteurs, les plus grandes troupes, dans toute l'U.R.S.S. C'était vraiment bien, vous savez ! Les gens les plus simples venaient, regardaient, parlaient avec nous. Nous étions proches, d'âme à âme, ce fut une grande époque de culture populaire...* » Et il continue, des histoires, des gens, des lieux, il mime, raconte, recommence, motivé, je pense, par l'intensité de mon attention dont il ne soupçonne pas qu'elle répond à des nécessités linguistiques...

— « *Quand xx, notre grand, grand comique de l'époque est arrivé sur la scène, qu'est-ce qu'il a vu, devant lui, là, tout contre l'estrade, tout le Politburo ! Et, au milieu, au premier rang, Staline. Il a eu une seconde d'hésitation et il a commencé ainsi : 'C'est la première fois que je me produis en face du gouvernement de l'Union Soviétique'. Mais le 'en face' russe peut aussi signifier 'contre'. Silence dans la salle... Silence... Grand silence... Et Staline a* commencé à applaudir, lentement, *clap, clap, clap* (et il tape dans ses mains, clap, clap, clap), *et ceux près de lui ont repris, et alors toute la salle est partie dans un tonnerre d'applaudissements.* »

Il y est, là-bas, avec eux, et il applaudit... Et il enchaîne sur une autre histoire, à Khabarovsk, celle-là. Nous y sommes...

— « *C'était une grand époque, vous savez, on ne peut plus dire cela maintenant, mais c'était une grande époque, avec de vrais artistes. De vrais artistes qui croyaient à ce qu'ils faisaient. Maintenant ?* »

Et ce geste de la main qui évacue loin derrière lui la pertinence de tout commentaire...

Nathalie est ravie de me trouver en compagnie de « son » technicien, connu pour être un conteur impénitent. Les gens entrent, plus nombreux que prévus. Le film (montage de documents d'époque authentiques) donne à voir la légèreté d'une vie parisienne où mode, spectacles, opéras, bals semblent absorber les classes dominantes, indifférentes à ce qui les entoure, inconscientes de ce qui se prépare. Puis viennent les grèves, les protestations, les réclamations de gens dont les souffrances et les difficultés sont ignorées aussi bien à Paris qu'à Londres ou à Mexico. Et la guerre. Les soldats français emplissent les trains. Ils sont rieurs et agitent leurs mouchoirs aux fenêtres des wagons en partance pour le front. Les Allemands se préparent : entraînements, armes, canons. Et puis les Russes. Des colonnes de paysans sans uniformes, dont beaucoup portent un bâton sur l'épaule.

À ce moment précis, cinq ou six personnes se lèvent et quittent la salle.

Nathalie me dira :

— « *Ils ont montré en sortant qu'ils considèrent que ces images ne sont pas vraies, qu'elles n'ont pas de valeur historique. Aujourd'hui tout est contesté, contestable. Personne ne croit plus en rien ni en personne. En particulier aucune parole d'historien, (j'entends de véritable historien) ne peut faire autorité.*

Crise de confiance et crise économique suscitent des associations bizarres, celle par exemple des nostalgiques du communisme et des Slavophiles, l'émergence dans les grandes villes de vrais néo-nazis, racistes et primitifs. Mon père dit parfois que l'atmosphère n'est pas très éloignée de celle des dernières années de la République de Weimar. »
— ???
Le soir, Radio Svoboda. Gaïdar aurait dit :
— « Le pouvoir en Russie peut se défaire en trois jours. »
— ???

Vendredi 6 novembre

J'ai dormi très tard. Lecture des *Lettres interceptées*. Des relations qui n'ont de cesse de se dire au plus près, au plus juste. Le soir, chez Sofia, je raconte le film et les séquences montrant les colonnes de paysans-soldats russes avançant en désordre, bâton sur l'épaule. Elizabeth, trente cinq ans, cadre dans une grande entreprise internationale intervient :
— « Ça, c'est de l'histoire soviétique ! La Russie était la deuxième puissance économique mondiale au début du XXe siècle. Quant aux 10 millions de soldats levés pour aller au front, c'est de la pure invention, on n'avait nul besoin de tant de soldats. »
J'essaie d'argumenter, il s'agit de documentaires d'époque, je me réfère à tel et tel historien, russe, français :
— « *Deux millions de morts sur le front russe en 1916, un million et demi de déserteurs...* »
Discussion impossible. Je suis partenaire *non grata*, une victime collatérale de la propagande soviétique.

Quelques jours plus tard, je raconterai l'épisode à Larissa lors de notre cours de « conversation russe ». Elle n'est nullement étonnée :

— « Personne n'a plus confiance en personne. On peut tout discuter, tout est discutable, le savoir scientifique ne fait plus autorité. On peut tout dire. De plus en plus souvent nos étudiants ne font pas confiance à nos savants. Ils vont chercher en Europe, aux U.S.A., des références que nous avons ici même ! Les livres publiés il y a plus de quarante ans sont souvent écartés : livres soviétiques, donc à éliminer. Pour nombre de nos jeunes (pas tous heureusement) nos grands noms de la recherche qui ont publié avant 1990 ne sont pas crédibles. C'est triste, triste…

Mais ce qui est plus triste encore, c'est que certains enseignants n'échappent pas à cette poussée d'irrationalité, expliquant par exemple leurs difficultés personnelles par la malignité d'un de leurs proches qui leur aurait jeté un sort ! Il est vrai que les medias sont accueillants à tous les délires. Kachpirovsky qui soigne par hypnose les spectateurs demandeurs lors d'émissions télévisées a fait sa réapparition. On a beaucoup parlé ces derniers temps d'une simplette, venue d'un village ignoré de tous, qui aurait la faculté de voir à travers le corps, qui serait capable de visualiser fractures ou autres dysfonctionnements internes. Le regard rötgen en quelque sorte… Elle a même été invitée en Angleterre où elle aurait fait des prodiges… Mais ce genre d'histoires, vous connaissez aussi ! En fait nous vous rattrapons, nous nous modernisons, c'est tout ! » (rires).

Retour à la Base où je raconte « les enseignants victimes de mauvais sort ». Claire :

— « La Russie est pétrie d'irrationnel, de superstitions… Juste une petite histoire, que m'avait racontée ma grand-mère : ' Un Comte, amoureux de la Grande Catherine, s'était un jour penché sur les traces qu'elle venait de laisser dans une allée et avait recueilli dans une enveloppe le sable marqué de l'empreinte de ses pas. Le geste, vu des serviteurs, fut immédiatement rapporté à la Police : il y avait là matière à sorcellerie. Le Comte a été aussitôt relégué dans ses terres les plus éloignées… '

Une de nos amies, Hélène Smielenski, a fait des recherches sur des faits similaires et vient de sortir un livre : Procès en sorcellerie. *On y revient, c'est tout !* »

Samedi 7 novembre

7 novembre, officiellement jour de la *Fête de la Réconciliation*. Jour de la *Fête Nationale* au temps de l'Union soviétique. Je vais jusqu'à la place Rouge, tous les accès sont fermés. Il fait froid. Retour à la Base, devant la télé.
Défilé militaire très solennel : 4 000 jeunes soldats, indique le commentateur. Et tout un contingent d'élèves officiers revêtus des uniformes de 1941. Fermant le défilé, 2 chars T 34, les blindés légendaires. Victor :
— « *Le 7 novembre reste notre vraie fête. Mais on ne peut plus vraiment le dire... Le 7 novembre 1941, les forces nazies étaient à quelque 30 km de Moscou. Et que fait Staline ? Il organise un grand défilé militaire sur la place Rouge : 'Non, contrairement à ce que dit la rumeur, le gouvernement ne s'apprête pas à quitter la ville, jamais !' Les soldats sortant de la Place rejoignaient immédiatement le front. Les Babouchka priaient dans les églises rouvertes et bénissaient les tankistes sur la rue Gorki. On disait même que sur ordre de Staline une icône de la Vierge de Kazan tournait en avion au-dessus de la ville. Je ne sais si c'était vrai, mais peu importe, on le disait, c'était vrai... Tous, jusqu'au dernier, pour sauver la Mère Patrie, pour sauver Moscou ! Des milliers des nôtres sont morts. Mais les troupes nazies ne sont pas rentrées dans Moscou.*
Qui, aujourd'hui serait prêt à se sacrifier pour une cause, quelle qu'elle soit ?... »

À aucun moment Victor n'a mentionné le 7 novembre 1917, jour de la prise du Palais d'hiver par les insurgés à Petrograd. Événement qui a donné le signal de la Révolution. Événement à l'origine de cette fête.

Après quelques errements dans les *pereoulok* boisés de Sokol, j'ai trouvé l'appartement d'Anita qui doit me remettre deux exemplaires de la nouvelle revue d'art, *la Palette d'or*, où est publié un article sur le père de Claire. Thé, gâteaux. Anita raconte :
— « *Mon fils est parti il y a cinq ans à Londres. Son départ m'a beaucoup affectée, je ne voulais pas qu'il parte. Aujourd'hui, j'essaie de convaincre ma fille de quitter le pays et elle ne veut pas ! Elle danse !* » *(rires)*. « *Vous voyez comme c'est imprévisible et difficile la vie !* » *(silence)*. « *Aujourd'hui, chez nous, personne ne fait plus confiance à personne. Le peuple ne fait pas confiance au pouvoir, le pouvoir ne fait pas confiance au peuple, les gens ne se font plus confiance entre eux, tout le monde ment. Nous faisons la revue à trois. Il faudrait que nous soyons au moins quatre. Mais comment trouver une personne sûre ?* » *(silence)*. « *Les jeunes partent ou veulent partir, la corruption a tout gangrené* » *(silence)*. « *Il peut y avoir une insurrection à tout moment... Ou jamais...* » *(rires)*.

Mais une voix au loin m'alerte : Est-ce cela que suggérait l'article de *Novaïa gazeta* qui insistait tant sur l'effondrement du *socium*, la perte de toute confiance, la dissolution des liens ? Ce que disait aussi Larissa ? Y aurait-il là une situation politico-sociale réellement nouvelle et encore non formulée ? *(à suivre...)*

Anita travaille au *musée de l'Art populaire*. Elle est heureuse de me montrer les tableaux entreposés chez elle. Fleurs, citrouilles, grosses citrouilles béantes sur fond noir...
— « *Ce sont des gens très simples qui font ces tableaux. Les citrouilles ? C'est un retraité des chemins de fer. Les fleurs ? Une dame qui a maintenant 88 ans et qui continue... Elle écrit aussi des poèmes. La poésie est encore présente dans le peuple russe. Dans les petits journaux locaux, il n'est pas rare de trouver des poèmes. Il faut absolument que vous veniez au* musée de l'Art populaire, *vous serez surprise !* »

Je n'y suis pas allée. Mais, sûr, j'irai la prochaine fois !

Dimanche 8 novembre

Ce soir, Sonia organise sa première fête d'anniversaire « avec ses copines ». Une autre suivra « avec tous ». Je cherche pour elle un roman en français. Devant la *Loubianka* le magasin *Mir*, le célèbre magasin de jouets pour les enfants, est en réfection. Fin du magasin de jouets. Pour masquer les travaux, d'immenses toiles peintes enrobent le bâtiment. S'élevant au-dessus d'une multitude de femmes rieuses, l'inscription en français : *ELLE*. Et, en russe, sur une longue banderole en diagonale : *Les temps changent*. De l'endroit où je me trouve, la façade de granit rose de la *Loubianka* se détache sur ce cortège. Images qui défilent à toute allure, s'annulent et se dissolvent... Congélation pierreuse du cerveau... Je fuis dans les petites rues, juste derrière, où je trouverai ma librairie de littérature étrangère. Les livres en français y sont de loin les moins nombreux.

Annie Ernaud et *Les Années*, nos années, si loin des leurs... Et, pour compléter, du pain et des croissants français sur la Tverskaïa (1 000 roubles) [40 euros].

Table d'anniversaire colorée d'une abondance de *zakouski*... Toasts portés à Sonia. Le visage se fait grave, on réfléchit, il est important de dire juste :

— « *À Sonia qui toute sa vie a su être aidante pour ses proches, présente, sans jamais, jamais être pesante.* »

(Me revient à l'esprit l'anniversaire d'Ida Aaronovna. C'était en 1984, elle avait 75 ans. Pavel avait proposé que chacun dise les raisons pour lesquelles il aimait Ida. Chacun était allé chercher au plus loin. Et toute cette fin de soirée nous avions tenté de lui dire, le plus exactement possible, ce qu'elle avait été, ce qu'elle était pour chacun. Elle, l'intransigeante professeur de latin de l'Institut Maurice Thorez, qui avait un jour jeté à l'autre bout de la salle des profs le bouquet de zinnias qu'elle tenait à la main quand une de ses collègues avait fait remarquer que c'était la fleur préférée de Staline !)

Gaîté de ces septuagénaires qui entreprennent de raconter comment elles ont rencontré leur mari...
— « *Il n'était pas drôle, mais vraiment pas drôle ! Je suis allée habiter provisoirement chez lui et j'y suis restée toute la vie. Avec sa mère malade, les enfants, etc.* »
Nous avons beaucoup ri et j'ai dormi sur la banquette-lit qu'on tire, qu'on pousse, qu'on étire aux deux bouts et qu'on remplit de coussins adoucis avec la couverture tricotée de petits carrés de couleur... Très bonne nuit.

Lundi 9 novembre

Dans le métro de retour, face à moi, une religieuse, une mère supérieure. Visage enserré dans un voile noir monté sur un support tubulaire qui en fait un heaume moyenâgeux. Visage d'un grande dureté, inquiétant. À ma droite un tout jeune homme lit un recueil de poèmes. Pas de lunettes, je ne saurai pas qui en est l'auteur. De temps en temps il ferme les yeux et répète. Il apprend le poème par cœur.
Retour à la Base.
Valéry :
— « *Je voulais que ma toile ne ressemble pas à une toile. Je voulais qu'elle ressemble à la vie. Et je crois que ça y est, elle ressemble à la vie.* »

Mardi 10 novembre

Olga fait escale à Moscou dans mon « chez-moi » avant de partir demain pour Paris.
— « *À Samara il n'y a plus du tout de travail. Quand un poste est disponible, les gens se mettent à plusieurs pour 'acheter' la place qui sera occupée par l'un d'eux. Evidemment, les avantages que*

donne la fonction sont ensuite répartis... Mais il y a mieux : J'ai déposé mon CV dans les services pour l'emploi. J'ai passé des interviews pour plusieurs postes qui, me disait-on au bout de quelques semaines, avaient été attribués à d'autres. Jusqu'au jour où ma tante a rencontré une de ses amies qui travaille dans un de ces services : ' On fait paraître des offres qui ne correspondent à aucun emploi réel. C'est pour nous la façon de préserver et maintenir notre propre travail ! '
Chercher aujourd'hui un emploi à Samara c'est chercher un chat noir dans une pièce sans lumière » (rires).

Longue discussion avec Victor, toujours attentif aux décisions qu'Ils prennent là-haut quand il s'agit des investissements concernant la recherche.
— « *Pour moi ce sera trop tard. Je vais quitter la recherche en physique nucléaire pour l'informatique. Et j'en suis très, très triste, mais, tout simplement, je ne peux plus nourrir ma famille. Il est pourtant question qu'ils financent la création de quatre très grands centres de recherches en hautes technologies. Quatre ' silicone valley ', en quelque sorte. Des centres d'innovation avec recherches sur les nouvelles énergies, les techniques médicales et pharmaceutiques, l'énergie nucléaire, les technologies de l'information et des télécoms, la recherche spatiale, etc. Enfin ! Nous attendons ça depuis vingt ans ! Je pense qu'ils le feront vraiment, sinon on quitte définitivement la cour des grands ! Trop tard pour moi !*
Que de temps perdu, d'acquis scientifiques dilapidés, que de talents sacrifiés. Histoire à suivre... Quand tu reviendras l'année prochaine tout aura peut-être changé ! » (rires). « *Et le plus drôle c'est que c'est possible !* » (re-rires).

Mercredi 11 novembre

Grande fatigue en sortant de mon cours de russe. Un petit restau non loin. À la télé, défilé de mode à Rio. Les murs sont décorés de reproductions des grands tableaux du XIXe, les mêmes que ceux qui ponctuent la rue Tverskaïa. Et sur une étagère, les portraits de Catherine II, Alexandre II, Alexandre III, Nicolas II. Retour à la Base. Ira qui vient ici faire le ménage une fois par semaine dort sur le canapé rose avant d'aller passer la nuit dans une banque voisine où elle compte les billets. Ira a 23 ans, très belle ; elle ne trouve pas de travail.

À la télé il est question d'un prochain recensement ; le dernier a eu lieu en 2002, et une des surprises a été, dit-on, la découverte dans les campagnes reculées de villages fantômes, villages abandonnés laissés tels quels par les habitants.

Valéry :

— « *Personne ne sait vraiment ce qui se passe à la campagne. Une agriculture industrielle se développe, dit-on, dans laquelle investissent même des Allemands qui viennent travailler en Russie. (Souvent des Allemands 'martyrs' de la Volga, rapatriés en Allemagne après 1990, et qui reviennnent faire du fric ici !) Et même des Anglais ! Au début, leurs récoltes, leurs matériels ont été détruits par les voisins. 'Nous, on ne travaille pas, pourquoi eux ?' Plusieurs Anglais sont partis, pas les Allemands.* »

Détour sur internet :

— « *La Russie sera cette année, pour la cinquième année consécutive, exportatrice de céréales.* »

L'agriculture industrielle n'a plus besoin de paysans en nombre.

Et, en prime, Poutine, RIA Novosti :

— « *Quoi qu'il se passe avec l'Allemagne, il y a toujours un consensus intérieur en ce qui concerne le développement des relations avec la Russie.* »

Jeudi 12 novembre

Le Musée du Métro. Nathalie habite tout à côté. On y entre par une petite porte à l'intérieur même de la station *Sportivnaïa*. Porte qui ouvre directement sur les années cinquante... Le guide aime son musée, aime le métro, est fier de son métro.

— « *Presque 9 millions de passagers par jour, autant que le métro de New York et de Londres réunis. L'escalator le plus long du monde : 140 mètres de long ! Un train toutes les trois minutes...* »

Nombreuses photos. Visages illuminés des paysans-ouvriers qui ont creusé ces kilomètres de tunnels à des profondeurs d'une soixantaine de mètres sous terre... Et les légions de komsomols qui se sont dévoués corps et âme à l'édification du temple de la révolution socialiste. Et le portrait de Lazar Moïsseïevitch Kaganovich, le père constructeur d'un métro qui, à ses débuts, portait son nom. Et les meilleurs artistes qui ont décoré ces voûtes, ces stations, faisant de chacune un petit palais miniature, etc. Nathalie :

— « *Il faut absolument que tu lises le livre de Platonov,* Moscou l'heureuse. »

Des groupes d'élèves, 10 ans - 12 ans, suivent passionnément la visite, intéressés par tous les fonctionnements techniques, les premières cabines des conducteurs, les systèmes de coordination et de contrôle des rames, les systèmes d'alarme et de surveillance. Ce métro est leur métro.

Nathalie :

— « *Un des amis de mon père a passé sa vie à 'retrouver' la véritable histoire du métro. On a du mal à se représenter aujourd'hui ce que fut la construction du métro de Moscou. Ce que fut le mythe de la construction du métro, célébrant une sorte de mini société idéale. On encourageait les ouvriers à suivre des cours du soir à l'université, on installait des bibliothèques à la disposition de tous, on distribuait aux travailleurs des milliers de places de théâtre, on formait des troupes de théâtre amateur, on organisait des cercles littéraires, on créait des jardins d'enfants. Et pour garder trace de tout cela, on encourageait les travailleurs à tenir un journal. Les textes étaient rassemblés, retravaillés par des écrivains. Peu de choses ont paru, pour une raison simple : la plupart de ces écrivains ont disparu en 1937, l'année de la grande terreur. La construction du métro fut une épopée nationale... L'inauguration de la première ligne, le 14 mai 1935, fut fêtée dans tout le pays.*

Quasiment rien n'est resté dans les mémoires des invraisemblables difficultés techniques résolues par des vies et des vies d'hommes laissées sur les chantiers. Plus trace, non plus, de la grande pagaille, de l'absence de coordination, des incompatibilités entre les jeunes komsomols et les ouvriers. Oui, il y a eu jusqu'à 7 000 jeunes komsomols sur le chantier, mais on a oublié qu'il y en avait des milliers qui faisaient tout pour éviter les lieux... Il n'empêche, tout cela s'est fait dans une atmosphère de ferveur inimaginable aujourd'hui. Mythe et réalité à jamais indémêlables...

La décision a été prise récemment de faire les réparations qui s'imposent en respectant ou restituant à chaque fois la construction originelle. C'est bien. Cependant, pour les moins de quarante ans, le métro est un héritage encombrant ! On ne peut en nier la beauté, mais il enkyste un passé dont ils ne veulent pas entendre parler, dont ils ne veulent pas parler, dont ils ne veulent rien savoir. En fait ils ont un peu honte du métro moscovite... Dommage, dommage, triste, triste. »

Vendredi 13 novembre

Vendredi 13. « *Jour difficile* », répète-t-on autour de moi depuis ce matin... Effectivement, je me suis trompée de bus ! Je suis sûre qu'ils vont être très contents quand je le leur dirai !

Depuis plusieurs semaines le visage tourmenté de Piotr Mamonov en Ivan le Terrible apparaît et disparaît sur les écrans des pubs aux carrefours. *Tsar*, le film de Longuine. J'irai le voir ce soir avec Nathalie qui sait tout, connaît tout du cinéma russe. Quand nous arrivons sur l'avenue Kalinine, complet. Déjà la nuit, quitter au plus vite cette avenue démesurée bordée d'immeubles gris et sales, trouée de cafés-casinos dont les zébrures acryliques dérapent sur les trottoirs mouillés. Les premiers escaliers à droite et nous sommes aussitôt ailleurs, dans les *pereoulok* du vieil *Arbat*, ville sombre de province, à l'écart de tout. Chats, tranquilles passants, bouleaux dont les fins rameaux noirs ruissellent sur une façade faiblement éclairée. Thé vert dans un café américain, à l'angle du *Kaloshin pereoulok*. Demain soir Nathalie sera chez son ami Vladimir où se retrouvent, une fois par mois, d'anciens étudiants de l'Université de Littérature. Je suis invitée. Chacun lit les textes qu'il apporte.

— « *Beaucoup de poésie, les poèmes que nous écrivons, ceux que nous rencontrons sur notre route, des textes en russe, en anglais, en italien, en allemand et, bien sûr, en français. Tu connais Jean Orizet ?* »

Au dernier moment empêchée, je n'irai pas chez Vladimir. Mais j'irai voir *Tsar* à Paris dès mon retour. Je le verrai deux fois, regrettant beaucoup de le voir sans eux. Les amis de Paris n'ont pas aimé. J'ai beaucoup aimé. Une tentative réussie, selon moi, de montrer ce qu'il en est en Russie, dans la vieille Russie (?) du caractère sacré du pouvoir, reconnu, vénéré, quoi qu'il fasse. Un pouvoir qui peut se passer de l'Église comme intercesseur du divin. Le tsar, intermédiaire direct entre Dieu et les hommes, transmet la volonté divine (l'éclair descend du ciel en réponse à l'appel d'Ivan), et cela, quels que soient ses agissements. La sacralisation du tsar (magnifiquement et minutieusement montrée au tout début du film) met solennellement en scène la transcendance d'un pouvoir qui n'a besoin d'aucune référence extérieure à lui pour être légitimé...

Un pouvoir sacré, de par sa nature même de pouvoir ? Aurions-nous là, rendue visible, une des composantes de cette brumeuse altérité culturelle que nous peinons tant à désigner ?
J'irai revoir *Tsar*, une troisième fois. « *Toute l'action est dans les dialogues* », m'a écrit Nathalie.

Samedi 14 novembre au Jeudi 26 novembre

Carnet perdu. 13 jours envolés, disparus !... Ah le 13 !

Vendredi 27 novembre

Ciel léger. Le seul distributeur automatique qui sympathise spontanément avec ma carte bancaire se trouvant au tout début de la *Tverskaia*, je fais une fois encore un tour sur la place Rouge.

Préparatifs d'installation de la patinoire. Le grand sapin de plastique parfaitement conique est déjà dressé, décoré, incrusté des lettres GUM qui brillent. 10 h au carillon. Les huit notes qui précèdent les dix coups dégringolent gaiement l'une sur l'autre et recommencent, joueuses... Plus de gardes depuis longtemps devant le Mausolée, mais un jeune milicien d'une vingtaine d'années, affecté à la surveillance des lieux. Il s'est accoudé à la barrière métallique dressée le long de la place pendant la durée des travaux d'installation de la patinoire. Il attend, immobile, le dos tourné au Mausolée. Arrive son semblable, tirant nonchalamment sur sa cigarette. C'est l'heure de la relève. Par-dessus la barrière l'arrivant tend le paquet à son collègue et, un pied posé sur les tubulures, face à face, ils fument.

Je regarde. Le long des plaques de porphyre crénelées qui couronnent le mausolée, le ciment joint s'est dégradé en longues traînées blanchâtres.

J'ai froid. Avant d'aller à la banque, arrêt au Mac Do, juste en bas. Muffins et capuccino.

17 h. Retour à la banque. L'argent retiré ce matin est parti en fumée, en saumon fumé, même !... Opération à renouveler. Il fait nuit noire, froid. La porte *Voskressenskie* est fermée. La place Rouge où plusieurs engins volumineux avancent les travaux est interdite d'accès. Rassemblés près de l'incrustation de bronze circulaire qui marque le point zéro des routes de Russie, Alexandre III (celui-là, je ne l'avais pas encore vu), grand, fort, portant bicorne et longue cape noire doublée de soie blanche, Nicolas II et son drapeau brodé des emblèmes de l'Empire, Lénine et sa casquette, Staline et sa pipe. Et un homme serrant contre lui un petit singe tremblant sous son pull de laine tricoté. Personne. On me propose la photo. On insiste, deux pour le prix d'une. J'ai dit non. Je le regrette.

Retour à la Base. Dans les allées noires qui conduisent à l'immeuble, la nuit a depuis longtemps débordé sur le jour. Jour, nuit, on ne sait plus. Repas de midi, du soir ? Journées sans limites, ville sans contours, pays sans frontières…

Soirée tranquille et, tout doucement, jusqu'à 1 h du matin, *radio Svoboda* : le permafrost dégèle. (Le permafrost : 60 % du territoire russe, d'où viennent 93 % du gaz, 75 % du pétrole…). Les routes et les ponts s'enfoncent, les pipelines se déforment et les matières organiques emprisonnées dans les glaces depuis des millénaires se décomposent en gaz toxiques. Les mammouths refont surface et lentement explosent en vastes bulles de méthane…

Samedi 28 novembre

Blinis, papotages et rires dans la cuisine du petit déjeuner, et grandes tasses de thé noir. Je pars demain.

Mais pourquoi, Grands Dieux, ai-je ce sentiment d'être chez moi ici plus qu'ailleurs ? Le sentiment d'y être « au complet » ? Étrange... Dans mes lectures, ces jours derniers, j'ai croisé Rilke :
— « *Que ma patrie soit la Russie est une des grandes et mystérieuses certitudes dont je vis.* »
Rigolo...

Il me vient parfois à l'esprit que ce pays est un immense laboratoire de « mise en société » où les « expériences » successives n'arrivent jamais à produire le composé stable... Une société qui ne « prend pas ». Le contrat social, cette reconnaissance mutuelle du peuple et du pouvoir, échouant à y trouver sa forme viable. Mais, si j'ose aller plus loin, n'y aurait-il pas, aussi, à cela, quelque secret avantage ?... Les composants de base, restant, eux, intacts, échappant à la dissolution dans l'indistinct du matériau commun. Autrement dit, un rapport aux instincts préservé (l'instinct de vie, l'instinct de mort), une intuition primitive intacte, un imaginaire ouvert au désir de vraie vie, celle qui devrait être (celle-ci n'étant décidément pas crédible), une attente nue des possibles... Quelque chose qui échapperait à la décadence atrophiante, corolaire d'un confort « naturel » et d'une sécurité normée. « *Grattez le Russe, vous trouverez le Tatar* », dit le proverbe. Quand nous sommes, nous, depuis longtemps domestiqués... Un composant humain, indéfinissable, encore intact, dont, une fois de plus, nous bénéficierions, nous « leurs touristes », sans avoir à payer le prix... Peut-être...

Katia, Nadia, Irina, les jeunes femmes que je connais à Paris, mariées à des Français, ne sont pas heureuses, et elles ne savent pas pourquoi. Elles imaginaient la vie en France semblable à la leur en Russie, moins les emmerdements. C'est plus compliqué. Et me reviennent les longues discussions, pendant des années, avec Jean-Claude, archéologue, qui a passé sa vie à mettre au jour les traces du peuplement humain en Asie centrale au

X^e millénaire avant notre ère. Jean-Claude qui a toujours vécu le temps à grande échelle, lui qui a maintenant quatre vingts ans passés. Il a longtemps travaillé avec des chercheurs russes, parle la langue, connaît le pays et, quand nous nous rencontrions, nous parlions, sans témoins, de la Russie. Toujours. De la Russie du XXIIe siècle... Un réservoir d'énergies qui un jour trouveraient leur forme créatrice... Peut-être...

Rions...

PRÉFACE de Nicolas WERTH 7

AU LECTEUR 11

CHEMINEMENTS

MOSCOU - AVRIL 2007

Mardi 4 avril - Dimanche 8 avril 13-19
Lundi 9 avril - Dimanche 15 avril 22-30
Lundi 16 avril - Dimanche 22 avril 32-39
Lundi 23 avril - Lundi 30 avril 39-55

MOSCOU - DÉCEMBRE 2008

Dimanche 30 novembre - Dimanche 7 décembre 57-72
Lundi 8 décembre - Dimanche 14 décembre 74-82
Lundi 15 décembre - Dimanche 21 décembre 85-95

MOSCOU - SEPTEMBRE - NOVEMBRE 2009

Samedi 26 septembre - Dimanche 27 septembre 97-99
Lundi 28 septembre - Dimanche 4 octobre 100-109
Lundi 5 octobre - Dimanche 11 octobre 111-130
Lundi 12 octobre - Dimanche 18 octobre 131-145
Lundi 19 octobre - Dimanche 25 octobre 147-157
Lundi 26 octobre - Dimanche 1er novembre 159-168
Lundi 2 novembre - Dimanche 8 novembre 170-179
Lundi 9 novembre - Samedi 28 novembre 180-187

L'HARMATTAN, ITALIA
Via Degli Artisti 15 ; 10124 Torino

L'HARMATTAN HONGRIE
Könyvesbolt ; Kossuth L. u. 14-16
1053 Budapest

L'HARMATTAN BURKINA FASO
Rue 15.167 Route du Pô Patte d'oie
12 BP 226 Ouagadougou 12
(00226) 76 59 79 86

ESPACE L'HARMATTAN KINSHASA
Faculté des Sciences Sociales,
Politiques et Administratives
BP243, KIN XI ; Université de Kinshasa

L'HARMATTAN GUINEE
Almamya Rue KA 028 en face du restaurant le cèdre
OKB agency BP 3470 Conakry
(00224) 60 20 85 08
harmattanguinee@yahoo.fr

L'HARMATTAN COTE D'IVOIRE
M. Etien N'dah Ahmon
Résidence Karl / cité des arts
Abidjan-Cocody 03 BP 1588 Abidjan 03
(00225) 05 77 87 31

L'HARMATTAN MAURITANIE
Espace El Kettab du livre francophone
N° 472 avenue Palais des Congrès
BP 316 Nouakchott
(00222) 63 25 980

L'HARMATTAN CAMEROUN
Immeuble Olympia face à la Camair
BP 11486 Yaoundé
(00237) 99 76 61 66
harmattancam@yahoo.fr

L'HARMATTAN SENEGAL
« Villa Rose », rue de Diourbel X G, Point E
BP 45034 Dakar FANN
(00221) 33 825 98 58 / 77 242 25 08
senharmattan@gmail.com

639354 - Février 2016
Achevé d'imprimer par